당신도 논리적으로
말할 수 있습니다

당신도 논리적으로 말할 수 있습니다

일잘러가 되기 위한 PREP 말하기 공식

오시마 도모히데 지음 · 김혜영 옮김 · 북주환 감수

사각지도

논리적 말하기에도 공식이 있습니다

복주환 _ 생각정리클래스 대표

"논리적으로 말하는 방법에 대해 자신 있게 추천할 수 있는 책을 드디어 만났다!" 이 책을 처음 만난 순간 내뱉었던 말입니다.

저는 생각정리클래스 대표로서 《생각정리 스킬》, 《생각정리 스피치》 등 4권의 책을 출간했으며, 기업, 기관, 대학에서 논리적으로 말하는 방법에 대해 강의하고 있는 강사입니다. 업무 현장에서 필요한 '논리적 사고와 말하기 기술'에 대해서도 꾸준히 연구하고 개발하고 있습니다. 그런 제가 논리적으로 생각하고 말하고 싶어 하는 이들을 위해 오래전부터 추천하고 싶었던 책이 《당신도 논리적으로 말할 수 있습니다》입니다.

논리적으로 생각하고 말하는 기술은 비즈니스에서 가장 중요한 능력입니다. 논리가 갖춰지면 의사소통이 원활해지고 설득력이 높아지기 때문입니다. 어떻게 하면 더 쉽고 명확하게 '논리적 사고와 말하기'를 배울 수 있을까요? 강의를 하면서 수많은 사람들을 만나다 보면 친절한 설명보다도 구체적인 방법이나 명확한 하나의 공식을 원하는 분들이 있습니다. 그들에게 추천해주고 싶은 기술이 바로 PREP(프렙) 기법입니다.

PREP은 결론(Point), 이유(Reason), 사례(Example), 요약(Point)의 머리글자를 따서 만든 말하기 기법입니다. 하고자 하는 이야기의 결론을 먼저 말하고, 그에 대한 이유와 사례를 제시한 다음 마지막에 다시 한 번 요약을 하면 됩니다. 별거 아니라고 생각할 수 있지만, PREP 기법대로 이야기 흐름을 4단으로 구성하면 자연스럽게 논리적 구조가 만들어집니다.

사실 이 책은 오래전 PREP 기법에 관한 책을 찾던 중 우연히 중고서점에서 처음 발견했습니다. 제가 이 책을 찾았을 때는 이미 절판된 상태였습니다. 하지만 PREP 기법에 대한 설명이 일목요연하게 정리되어 있었고, 원리도 쉽게 설명되어 있었습니다. 사례가 풍부해서 이해하기도 쉬웠습니다. 논리적 사고와 말하기에 관해 다양한 책을 읽었지만, 일상이나 직장에서 바로 적용할 수 있는 예시가 가득해 매우 실용적이었습니다. 특히 PREP 기법에 특화되어 있어 비즈니스 커뮤니케이션에 최적이고, 기업에서도 교육용 텍스트로 사용할 수 있겠다는 생각이 들었습니다.

지금도 중고서점에서 구입한 책에는 제가 밑줄 긋고 기록한 흔적들이 페이지마다 빼곡히 남아 있습니다. 좋은 책이 절판된 것에 대한 아쉬움은 컸지만, 저로서는 훌륭한 콘텐츠를 계속 참고할 수 있어서 행운이라고 생각했습니다. 이후 다양한 곳에서 강의를 하면서 계속 이 책이 떠올랐습니다. PREP 기법에 대해 이만큼 잘 정리된 책을 만날 수 없었기 때문입니다. 그래서 이 책이 다시 알려지길 바라는 마음에 생각지도 출판사에 재출간 요청을 드렸는데, 이 책의 가치를 알아보고 다시 세상에 나오게 되었습니다.

논리적 말하기를 제대로 배워보고 싶은 사람, 횡설수설하지 않고 요점 중심으로 말하고 싶은 사람, 비즈니스 커뮤니케이션을 더 잘하고 싶은 사람뿐만 아니라 학생들에게도 이 책을 추천합니다. 이 책을 읽고 나면 논리적 말하기가 필요한 순간에 공식처럼 PREP 기법이 떠올라 "유레카"를 외치게 될 것입니다. 이번 기회에 PREP 기법을 확실히 익힌다면 당신도 충분히 논리적으로 말할 수 있습니다.

논리적으로 말하기란
의외로 쉽다

사회생활을 하면서 다른 사람과 관계를 맺지 않고는 살 수 없다. 하지만 관계를 맺는다는 것은 결코 쉬운 일이 아니다. 다른 사람과 관계를 맺기 위해서는 개인의 태도나 인품도 중요하지만, 말하는 방법 역시 중요한 요소 중 하나다. 그런데 말하는 사람의 이야기가 듣는 사람에게 제대로 전달되지 않거나, 말하는 사람의 생각을 듣는 사람이 이해하지 못하는 경우가 의외로 많다. 여기에서 오해가 생겨 관계가 어긋나는 일도 종종 있다.

내 생각이나 말하는 의도가 상대에게 정확히 전달된다면 얼마나 좋을까? 이 책에서 내가 주장하고 있는 '논리적으로 말하기'는 사람들의 그런 마음을 대변하고 있다.

'논리적'이라는 단어는 사람들에게 어렵다는 인상을 준다. 하지만 이 단어를 누구나 '이해하기 쉽게'라고 받아들이면 어떨까? 사실 '논리'는 어려운 것이 아니다. 우리는 일상에서 '논리'를 무수히 접하고 있지만 그 사실을 깨닫지 못하고 있을 뿐이다. 각종 매체의 광고나 홍보 문구에도 논리가 들어 있다. 물건을 구매하거나 서비스를 선택할 때 우리는 논리적으로 고민하고 상품을 선택한다. 일상에서 가까운 사람들과 소소한 대화를 나눌 때에도 사례를 들어 논리적으로 설명한다. 이처럼 논리는 우리 주위에 차고 넘친다.

나는 이 책에서 논리적으로 말하는 방법으로 PREP 기법을 소개하고자 한다. PREP(프렙) 기법이란 Point(결론), Reason(이유), Example(사례: 이유의 근거), Point(요약=결론의 확인)의 머리글자를 딴 것으로, 이야기의 흐름을 4단계로 구성하면 논리가 확보되는 방법이다. 이 방법을 배우고 나면 논리적인 것과 비논리적인 것을 구분할 수 있고, 말하기나 글쓰기에도 유용하게 활용할 수 있다.

논리적으로 말하기는 의외로 쉽고 간편하다. PREP 기법만

알면 누구든 할 수 있다. 내가 말하고자 하는 생각이나 의도가 상대에게 정확히 제대로 전달된다면 우리의 일상과 직장 생활은 어떻게 변화할까? 머릿속으로 어림짐작하는 것 이상일 것이다. 이 책을 읽고 있는 당신은 새로운 세계로 들어가는 문 앞에 서 있다. 지금 바로 그 문을 열고 들어가 보자. 건투를 빈다.

오시마 도모히데

차 례

1장 ┃ 논리적인 이야기의 구조

2장 ┃ 이야기를 알기 쉽게 전달하는 5가지 포인트

1장   논리적인 이야기의 구조

논리적 이야기란
무엇인가

"경제적 부와 성공을 얻으려면 논리적이어야 한다." 누구나 공감하는 말이다. 사회라는 테두리 안에서 나이와 가치관, 처한 입장이 다른 다양한 사람과 의견이나 아이디어를 교환하면서 올바른 판단을 내리고 비즈니스에서 성공하려면 그 어떤 상대도 설득할 수 있는 '논리'가 필요하다. 외골수처럼 자기만의 감정과 편견에 사로잡혀 있으면 올바른 사고방식을 정립하지 못할뿐더러 다른 사람을 내 뜻대로 움직일 수도 없다.

그러나 쉬운 말과 달리 논리적인 사람이 되는 것은 쉬운 일이 아니다. 실제 논리가 무엇인지 한마디로 설명하기 어렵고, 실체를 설명하기 어려운 만큼 논리적으로 말하고 행동한다는 것 역시 호락호락하지 않다.

논리는 기원전 그리스 로마 시대부터 오늘에 이르기까지 많은 사람이 꾸준히 학습하고 연구해 온 분야다. 하나의 체계를 이룬 학문으로, 다루는 범위가 방대해서 수학적으로나 철학적으로 익히고 배워야 할 내용이 많다.

학술서나 경영서를 불문하고 논리와 관련된 책들도 엄청나게 많다. 하지만 사람들은 느긋하게 논리에 대해 깊이 있는 공부를 할 시간이 없고, 지금 당장 발등에 떨어진 불을 끌 수 있는 실용적인 지식을 찾고 있다. 그런 이들을 위해 나는 학술적인 논리에 관한 설명은 잠시 내려놓고 대부분의 사람들에게 유용한 실생활에서의 논리에 대해 이야기를 해보려고 한다.

'논리'라고 하면 우리는 흔히 '말하기'와 '글쓰기'를 떠올린다. 평소 다른 사람들에게 비논리적이라고 평가받는 사람이 보고서나 사업계획서 등을 논리적으로 작성했으리라 짐작할 수 없다. 그런 사람은 회사에서도 높은 평가를 받을 수 없을 것이다. 그나마 글쓰기는 계속 검토하고 수정하면서 논리성을 높여갈 수 있다. 하지만 말하기는 즉각적으로 대응해야 하기 때문에 미리 논리를 갖추지 않고서는 상대를 설득할 수 없다.

물론 프레젠테이션처럼 논리적으로 준비할 수 있는 시간적인 여유를 주는 경우도 있지만, 이 또한 보고서와 비교하면 몇 배는 더 어렵게 느껴진다. 아무리 철저히 준비해도 수많은 사람들 앞에 서면 긴장해서 횡설수설할 수 있고, 질의응답 시간처럼 임기응변이 필요한 경우도 생기기 때문이다. 실제로 일상에서도 사회생활에서도 상대를 설득하기 위해 글을 쓰는 것보다 말을 해야 하는 상황이 더 자주 찾아온다. 그래서 이 책에서 나는 논리적으로 말하는 방법을 이야기하려 한다.

논리적 말하기란

그렇다면 '논리적으로 말하기'란 어떤 의미일까? 이 말을 '논리적인 이야기란 어떤 이야기인가?'로 바꿔 생각해도 좋다. 이 질문에 대부분의 사람들은 '이해하기 쉬운 이야기'라고 대답할 것이다. 상대가 어떤 이야기를 했는데 도무지 무슨 말인지 모르겠다는 생각이 든다면 그의 말은 논리적이라고 할 수 없다.

'언어는 명료한데 의미는 불확실하다'라는 평가를 받는 경우도 마찬가지다. 그런데 논리적이지 못하고 의미를 명확히 전달하지 못하는 사람은 다름 아닌 나 자신일 수도 있다. 회사에서 상사에게 보고하거나 회의할 때 "그래서 요점이 뭔가요?"라는 말을 들어 본 적이 있다면 당신은 다른 사람들이 알아듣기 힘든 말하기 방식을 구사하고 있을지 모른다. 그러면 아무리 성실하고 창의적인 아이디어가 샘솟는 사람이라 해도 회사에서 인정받지 못할 가능성이 높다. 주위 사람들에게 "말을 요점만 정리해서 쉽게 잘한다"라는 평가를 받고 있다면 그 사람은 논리적 말하기의 기본을 터득했다고 볼 수 있다.

'논리적인 이야기'는 '조리 있는 이야기'나 '감정적이지 않고 이성적인 이야기'라고도 말할 수 있다. 논리적인 사람은 자신이 내세우는 주장에 대한 타당한 이유를 설명하고, 자신과 의견이 다른 사람과도 차분하게 이야기를 나눌 수 있는 능력을 갖추었다고 말할 수 있다. 이런 태도를 갖춘 사람은 누구와도 생산적인 대화를 나눌 수 있고, 주변 사람들과 원만한 관계를 유지함은 물론 회사에서도 존경받는 리더로 활약할 수 있다.

논리적인 이야기란

- 이해하기 쉽다.
- 조리 있다.
- 감정적이지 않고 이성적으로 표현한다.

논리적으로 말하는 방법을 배워야 하는 이유는 이 외에도 많다. 주위를 살펴보면 논리와 동떨어진 이들을 쉽게 찾을 수 있다. 동료나 친구, 가족 중에도 있고, 상사나 선배, 고객과 같이 컨트롤하기 힘든 사람도 있다. 이런 사람들의 비논리성에 시달리는 경우도 사회에서는 종종 볼 수 있다. 언뜻 보면 논리적인 것 같지만 꼼꼼히 따져 보면 전혀 그렇지 않은 사람도 수두룩하다. 예를 들면 이런 사람들이다.

"담배를 피우면 스트레스가 해소되고, 스트레스가 해소되면 컨디션이 좋아져. 그러니 담배는 몸에 좋은 거 아닌가?"
"인스타그램을 보니까 어떤 셀럽이 이 가방을 갖고 있더라고. 나도 같은 가방을 메고 다니면 그처럼 매력적으로 보이지 않겠어?"

이런 식으로 개인의 취향을 정당화하는 수준의 비논리성이라면 다른 사람에게 불편을 주지 않는 선에서 이야기를 끝낼 수 있다. 하지만 다른 사람과 함께 일하면서 비논리성을 적용해 곤란한 상황을 만드는 경우도 적지 않다. 다음과 같은 사례들이다.

> "경쟁사가 해외로 진출해서 성공했습니다. 그러니까 우리도 무조건 해외로 진출해야 합니다."
>
> "이전 제품은 여성 타깃이라 실패했습니다. 그러니 이번에는 남성을 타깃으로 잡아야 합니다."

이와 같이 허술한 논리로 업무를 추진하다가 회사에 막대한 손해를 입히거나 불필요한 일을 만들어 다른 사람들에게 피해를 주는 경우다. 우리는 이런 사람이 되지 않기 위해, 또 비논리적인 주변 사람에게 휩쓸리지 않기 위해서라도 논리적으로 말하고 사고하는 방법을 익혀야 한다.

회의 시간에 논리라곤 1도 없는 이유를 들면서 자기주장만 하는 동료도 있고, 상사라는 이유로 부당한 업무를 지시하거나, 말도 안 되는 무리한 요구를 하는 고객을 만날 수도 있다. 그럴 때 논리적인 깔끔한 말로 상대의 입에 재갈을 물릴 수 있다면,

상대를 보기 좋게 설득하고 단박에 물리칠 수 있다면 얼마나 좋을까. 이런 순간이야말로 논리가 결과를 좌우하는 중요한 때다. 사회에서 성공하기 위해서는 논리적이어야 한다는 이유도 이런 말 같지도 않은 상황을 극복해야만 가능하기 때문이다.

그렇다면 어떻게 해야 논리적으로 말할 수 있을까? 가장 먼저 논리가 어렵다는 생각을 버려야 한다. 어떻게 하면 짜임새 있게 이야기를 구성해서 이해하기 쉽게 전달하고, 이성적으로 상대를 설득할 수 있을지에만 집중하자. 여러 가지 방법이 있겠지만 나는 가장 단순하고 효과적인 방법으로 PREP 기법을 추천한다. 지금부터 그 방법을 하나씩 살펴보자.

4단 구성으로
논리가 만들어진다

PREP(프렙) 기법이란 Point(결론), Reason(이유), Example(사례: 이유의 근거), Point(요약: 결론의 확인)의 머리글자를 딴 것으로, 말하기를 할 때 PREP에 따라 이야기 흐름을 4단으로 구성하면 논리적으로 이야기를 끌고 갈 수 있는 방법이다.

우선 간단한 예문을 만들어 보자. 다음은 "좋아하는 동물은 무엇입니까?"라는 질문에 PREP 기법으로 구성한 답변이다.

P (결론) "저는 개를 좋아합니다."

R (이유) "개는 영리하고 사람을 도와주기 때문입니다."

E (근거) "예를 들어 개는 안내견이나 청각장애인 보조견, 간호견, 그리고 경찰견이나 마약탐지견 등 다양한 분야에서 활동하고 있습니다."

P (요약) "이처럼 개는 사람을 도와주는 동물이기 때문에 저는 개를 좋아합니다."

이번에는 영업 현장에서의 한 예다. 고객에게 특정 상품을 추천하는 상황인데 머릿속으로 상상해 보면서 이야기를 살펴보자.

P (결론) "이쪽에 있는 A-1형을 추천합니다."

R (이유) "A-1형은 고객님의 니즈에 가장 적합한 제품이기 때문이죠."

E (근거) "이 제품은 소형이라 자리를 많이 차지하지 않아서 공간을 넓게
활용하고 싶은 분에게 적합하며 기능도 매우 뛰어납니다. 일반적
으로 가장 많이 팔리는 것은 A-2형이지만, 고객님이 원하시는 크
기보다 큰 편입니다."

P (요약) "그렇다 보니 저는 고객님에게는 A-1형을 추천하고 싶습니다."

다음은 회의에서 반대 의견을 내는 상황이다.

P (결론) "저는 그 제안을 재검토해야 한다고 생각합니다."

R (이유) "그 제안을 따랐을 경우 우리 회사가 져야 할 위험 부담이 너무 크
기 때문입니다."

E (근거) "C사의 경우 그 방법으로 매출이 높아졌다곤 하지만, C사는 우리
회사와 규모도 다르고 고객층도 다릅니다."

P (요약) "제안을 실행하기 전에 먼저 그 부분을 충분히 조사, 검토해야 합
니다."

위의 사례들을 살펴보면 결론(주장)과 이유, 그리고 그 이유를 뒷받침하는 근거를 조리 있게 잘 설명하고 있다. 이처럼 일상적인 대화는 물론 회사에서 상사나 고객을 설득할 때도 PREP 기법을 적용하면 논리적이라는 평가를 받을 수 있다.

연역법과 귀납법은
이렇게 구성된다

1. 연역법

논리적 말하기의 기본이 되는 PREP 기법은 4단으로 구성된다.
PREP 기법에 대해 처음 접하는 사람들도 있을 텐데, 3단 구성
의 논리적 사고법은 들어 보았을 것이다. 3단 구성을 대표하는
것으로는 '연역법'이 있다.

연역법은 '일정 전제에서 논리 규칙에 따라 필연적으로 결론
을 도출하는 것'이라고 알려져 있다. '일반적인 전제에서 개별

사안의 옳고 그름을 추론해 결론을 도출하는 방법'이라고 말할 수 있다. 일반적으로 연역법은 삼단논법이라고도 하는데, 삼단 논법은 문자 그대로 '대전제 → 소전제 → 결론'의 3단계를 거쳐 이야기를 전개하는 방식이다. 주로 결론이 참임을 주장하거나 참인 결론을 추론할 때 사용한다. 연역법에 대해 설명할 때 가장 많이 사용되는 문장을 살펴보자.

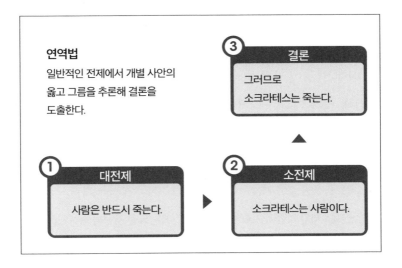

연역법
일반적인 전제에서 개별 사안의 옳고 그름을 추론해 결론을 도출한다.

③ **결론**
그러므로 소크라테스는 죽는다.

① **대전제**
사람은 반드시 죽는다.

② **소전제**
소크라테스는 사람이다.

대전제와 소전제가 참이라면 거기서 도출한 결론도 참이라 고 할 수 있다. 평소 어떤 판단을 내릴 때 우리도 대부분 이런 과정을 따른다. 예를 들어 행사장에 있는 한 남성이 관계자인지 아니면 일반 고객인지 궁금할 때, 그 남성이 진행요원 점퍼를 입고 있다면 진행요원이라고 판단한다. 그때 우리는 다음과 같이 연역법을 이용하고 있는 셈이다.

> **대전제**: 모든 행사 관계자는 오렌지색 진행요원 점퍼를 입고 있다.
> **소전제**: 저 남성은 오렌지색 점퍼를 입고 있다.
> **결론**: 그러므로 저 남성은 행사 관계자다.

실제 업무 현장의 사례를 하나 더 살펴보자. 상품기획 회의 시간에 내가 기획한 디자인이 젊은 여성에게 인기를 끌 것이라고 주장할 때의 사고 흐름이다.

> **대전제**: 요즘 젊은 여성 사이에서는 유럽 감성이 인기입니다.
> **소전제**: 제가 이번에 기획한 상품 디자인에는 유럽 감성을 녹여냈습니다.
> **결론**: 그러므로 이 상품은 젊은 여성들에게 인기가 있을 것입니다.

이런 차례로 논리를 진행해 나가면 연역법적으로 생각하는 것이라고 할 수 있다. 다만 연역법으로 끌어낸 결론이 참인지는 앞에서도 이야기한 것처럼 대전제, 소전제가 참인가에 달려 있다.

소크라테스의 사례에서는 '사람은 반드시 죽는다'라는 전제가 의심할 여지가 없는 사실이고, 소크라테스가 사람인 것도 분명하다. 하지만 그다음의 2가지 예에서는 논리가 옳다고 단언할 수 없는 부분도 있다. 관계자가 아닌데 오렌지색 점퍼를 입은 사람이 있을 수 있고, 유행하는 요소가 들어간 디자인이라고 반드시 인기를 끄는 것은 아니기 때문이다. 그 부분에서는 검증과 확인이 필요하지만, 생각을 펼치거나 주장을 구성할 때 논리적인 방법을 취했다고 말할 수는 있다.

2. 귀납법

연역법을 설명할 때 항상 같이 설명되는 기법이 '귀납법'이다. 귀납이란 '각각의 구체적인 사실에서 일반적인 명제 혹은 법칙을 도출하는 것'이다. 귀납법을 알기 쉽게 말하면 '수많은 사실의 인과관계에서 추론해 결론을 도출하는 방법'이라고 할 수 있다. 귀납법에 대해 조금 더 자세히 살펴보자.

앞에서 나온 소크라테스의 예에서 '사람은 반드시 죽는다'라는 말은 의심할 여지없는 사실이라고 했다. 하지만 그 사실을 어떻게 단언할 수 있을까? 우리의 경험상 지금까지 죽지 않은 사람은 단 한 명도 없었기 때문이다. 'A는 죽었다, B는 죽었다, C도……'와 같이 수많은 사실이 존재하고, 거기서 '사람은 죽는다'라는 결론을 도출하는 것을 귀납법이라고 한다.

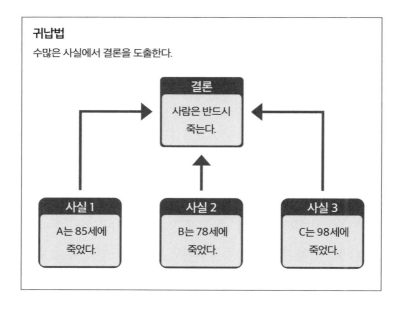

귀납법
수많은 사실에서 결론을 도출한다.

결론
사람은 반드시 죽는다.

사실 1
A는 85세에 죽었다.

사실 2
B는 78세에 죽었다.

사실 3
C는 98세에 죽었다.

귀납법적 사고는 연역법의 대전제가 옳은지 검토할 때 도움이 된다. 앞서 예로 든 행사 진행요원의 예에서도 'A는 진행요원이고 점퍼를 입고 있다, B도……' 하는 식으로 조사하다가 한 사람이라도 '진행요원이 아닌데 오렌지색 점퍼를 입은 사람'이 나타난다면 대전제는 성립되지 않는다.

상품기획의 예에서도 마찬가지로 '유럽 감성인데 판매가 저조한 상품'이나 '유럽 감성이 아닌데 판매가 호조를 보이는 상품'이 있다면 이 역시 결론을 의심하게 된다.

우리가 이야기를 논리적으로 구성하려고 하는 이유는 간단하다. 내 의견이 옳다고 누군가를 설득하고 싶기 때문이다. 이를 위해서는 늘 자신이 세운 가설이나 추론을 검증해야 한다. 더불어 설명에 필요한 지식도 갖추고 있어야 한다. 연역법과 귀납법은 논리의 기본 지식이기도 하지만, 내 주장의 정당성과 설득력을 검증하기 위해서도 반드시 필요하다.

PREP 기법에는
모든 논리가 들어 있다

그렇다면 PREP 기법과 연역법에는 어떤 차이가 있을까? 지금
부터 두 기법을 비교해 살펴보자.

PREP 기법과 연역법은 각각 4단 구성과 3단 구성으로 되어
있는데, 이런 구성의 차이는 주장의 짜임새나 내용에 어떤 영향
을 미칠까?

이해하기 쉽게 앞서 설명한 상품기획의 예를 다시 한 번 살
펴보자. '요즘 젊은 여성 사이에서 유럽 감성이 인기 있다'라는
주장을 PREP 기법으로 말하면 다음과 같다.

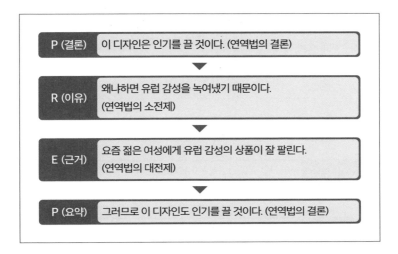

P (결론)	이 디자인은 인기를 끌 것이다. (연역법의 결론)
R (이유)	왜냐하면 유럽 감성을 녹여냈기 때문이다. (연역법의 소전제)
E (근거)	요즘 젊은 여성에게 유럽 감성의 상품이 잘 팔린다. (연역법의 대전제)
P (요약)	그러므로 이 디자인도 인기를 끌 것이다. (연역법의 결론)

일정한 가정에서 추론해 결론을 도출하는 논리적 사고인 연역법으로 정리한 것을 단순히 PREP 기법에 적용하면 이렇게 된다. 그런데 PREP 기법의 E(근거)는 R(이유)을 보충, 보강하는 구체적인 예를 들어야 한다. 좀 더 알맞은 사례를 보충해서 다시 표를 만들어 보자.

다음의 표(36쪽)처럼 정리하면 PREP 기법의 특징이 뚜렷하게 드러난다. E(근거)를 보충한 부분은 수많은 사안의 인과관계에서 결론을 도출하는 논리적 사고인 '귀납법'으로 접근했다는 사실을 알 수 있다. '저 상품도 유럽 감성인데 잘 팔린다, 이 상품도, 저것도……'라는 개별 사례가 '유럽 감성이 유행하고 있다'라는 대전제를 뒷받침한다.

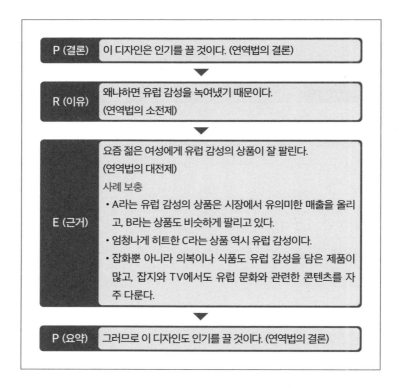

PREP 기법이 설득력이 뛰어난 구성 방식인 데는 귀납법과 연역법의 논리 구성을 따와 PREP의 4단 구성에 형태를 바꿔 가

며 포함시킬 수 있기 때문이다. 논리학 용어로 연역법이나 귀납법에 대해 접했다면 어렵다고 느껴지겠지만, PREP 기법을 이용하면 일상적인 대화에 필요한 논리성이 자연스럽게 주장에 녹아들 수 있다.

비즈니스를 위한 기승전결,
PREP 기법

'논리적 말하기'라고 하면 가장 먼저 '기승전결起承轉結'을 떠올리는 사람도 있다. PREP 기법과 마찬가지로 기승전결은 4단으로 구성된다. 세 번째 단에 앞의 두 단에서 살짝 변화를 준 내용을 넣는다는 점, 그리고 마지막을 결론으로 마무리 짓는 점도 비슷하다.

그렇다면 이쯤에서 기승전결에 대해서도 한번 살펴보자.

기승전결이란 원래 한시漢詩의 구성을 가리키는 단어다. 한시 중에서 4구로 구성된 것을 '절구絶句'라고 하는데, 첫째 행부터 순서대로 기구起句, 승구承句, 전구轉句, 결구結句라고 부른다. 서두인 '기'로 시작해 '승'에서는 기의 내용을 이어받고, '전'에서 기·승에서 변화를 준 내용을 담은 뒤 '결'에서 전체를 마무리한다. 중국 당나라 시대의 유명한 시인인 두보杜甫의 절구를 들어 살펴보자.

> [기구] 江碧鳥逾白 (강벽조유백, 강이 푸르니 새가 더욱 희고)
> [승구] 山靑花欲然 (산청화욕연, 산이 푸르니 꽃은 타는 듯 더욱 붉구나)
> [전구] 今春看又過 (금춘간우과, 올봄도 이렇게 지나가니)
> [결구] 何日是歸年 (하일시귀년, 고향에 돌아가는 날 그 언제일까)
> 강물이 푸르니 새가 더욱 하얗게 보이고,
> 산이 푸르르니 꽃이 당장에라도 불타오르는 듯하다.
> 올봄도 순식간에 지나가는데, 언제쯤 고향에 돌아갈 수 있을까.

기구에서 승구로 자연 묘사가 이어지다가 전구에서 심정을 기술한 뒤 결구에서 가장 하고 싶은 말을 적고 마무리한다.

이외에도 기승전결을 잘 보여주는 예로서 일본 에도시대의 학자 라이산 요頼山陽의 속요(서민 사이에서 유행한 시가)를 자주 거론한다. 기승전결의 특징을 여기서도 살펴볼 수 있다.

1장 · 논리적인 이야기의 구조

[기] 교토 고조의 실집 딸 (京の五条の糸屋の娘)

[승] 손윗누이는 열여섯 손아랫누이는 열넷 (姉は十六妹十四)

[전] 제국의 다이묘는 활과 화살로 죽이고 (諸国大名は弓矢で殺す)

[결] 실집 딸은 눈빛으로 죽인다 (糸屋の娘は目で殺す)

기구와 승구는 자매에 대해 이야기하는데, 전구에서 얼핏 관계가 없어 보이는 다이묘大名(일본에서 헤이안시대부터 전국시대까지의 무사를 일컫는 명칭 - 옮긴이)가 등장한다. 그리고 결구에서 전구의 내용을 바탕으로 실집 자매의 매력이 치명적이라는 결론을 내린다. 다이묘의 무기를 예로 들어 그 무기의 강력함과 효과를 독자의 머릿속에 떠오르게 한 다음 실집 딸의 매력을 강조하고 있는 셈이다.

이처럼 기승전결은 문학적인 표현 방법이다. 애초에 시에서 시작된 것으로, 4개의 단락 전체가 논리적으로 연결된다기보다 일부 비약을 통해 전하고자 하는 메시지를 더 강조하거나 독자의 상상에 맡기는 부분이 있다. 그래서 4컷 만화나 소설 등에는 기승전결을 활용한 구성이 어울리지만, 모호함을 배제해야 하는 비즈니스 커뮤니케이션에는 어울리지 않는다.

PREP 기법은 그 점을 감안해 똑같이 4단 구성을 취하면서도 각 단의 내용을 명확하게 규정하고 각각의 관계를 더 분명하게 밝혀 논리성을 높였다. 한마디로 PREP 기법은 비즈니스를 위한 기승전결이라 할 수 있다.

2장

이야기를 알기 쉽게 전달하는 5가지 포인트

한 문장을
짧게 만든다

PREP 기법을 활용해 이야기를 구성해도 알아듣기 어려운 말을 사용하면 그 의미가 상대에게 제대로 전달되지 않는다. 그래서 먼저 말하기의 기본부터 알아보고자 한다.

어느 분야든 기본기가 안 갖춰져 있으면 아무리 특별한 기술을 배운다 해도 써먹을 수 없는 법이다. 일상적으로 사람들과 나누는 평범한 대화나 간단한 인사, 발언 등이 논리적 말하기의 기본이니 평소에 "알아듣기 쉽게 말한다"라는 평을 들을 수 있도록 노력하자.

사실 PREP 기법에는 이 기법을 그대로 따라 하지 못해도 일상에서 활용할 수 있는 중요 요점들이 포함되어 있다. 아래에 소개하는 몇 가지 팁만 알아 두어도 평소에도 이해하기 쉬운 말로 논리적으로 말할 수 있다. 다음에 설명하는 내용부터 하나씩 실천해 보자.

이야기를 알기 쉽게 전달하는 5가지 포인트
① 한 문장을 짧게 만든다.
② 주어를 분명하게 밝힌다.
③ 구체적이고 정확한 단어를 선택한다.
④ 접속사를 능숙하게 구사한다.
⑤ 중요한 내용은 반복해서 상기시킨다.

상대가 이해하기 쉽게 이야기를 전달하는 방법은 간단하다. 그중 첫 번째는 바로 '한 문장을 짧게 만드는 것'이다. 한마디로 문장을 쪼개는 것이다.

'문장 쪼개기'는 어떤 글에도 적용할 수 있다. 예를 들어 책이 별도의 장章 구분 없이 100쪽이나 연결되어 있다면 어떨까? 내용 정리가 안 되는 것은 물론 지루하기 짝이 없을 것이다.

100쪽이라는 내용을 10개의 장으로 나누어 10쪽씩 구성하는 게 내용 전달과 이해에 훨씬 좋다.

말하기도 마찬가지다. 아무리 흥미로운 이야기라도 끝도 없이 길어지면 듣는 사람이 집중한다고 해도 그 내용을 전부 이해하기 쉽지 않다. 그런데 말하는 사람이 요점별로 짤막하게 요약하면서 이야기를 하면, 듣는 사람이 이해하기 쉽고 내용에도 더 집중하게 된다. 다시 말해 말하는 사람은 자기가 하고 싶은 이야기가 길어질 것 같으면 이야기를 쪼개어 말한 후 다음 이야기로 넘어가는 것이 좋다.

글을 문단으로 쪼개다 보면 원래 전달하고자 하는 내용보다 짧아진다. 누구나 긴 글이나 장황한 말보다 짧은 글이나 명백한 말을 더 편하고 쉽게 이해한다. 따라서 상대에게 내 뜻을 잘 전달하고 싶다면 먼저 내용을 쪼개어 이야기하는 것이 가장 중요하다. PREP 기법이 이해하기 쉬운 이유도 이야기를 네 부분으로 쪼개어 말하기 때문이다. 그리고 각 부분 역시 더 작게 쪼갤 수 있어 듣는 사람의 집중도가 높아지는 것이다.

한번 이야기를 시작하면 언제 끝날지 알 수 없는 사람이 있다. 그런 사람은 유독 오랜 시간 이야기를 했는데도 이야기를 끝내고 나면 무슨 말을 하고 싶어 한 건지 요점을 파악하기 힘들다. 이런 사람들은 문장을 끊지 않고 길게, 계속 말한다는 특징이 있다. 예시를 들어보면 다음과 같다.

> "어제는 출장이라 아침 8시에는 ○○역에 도착해야 했는데, 그러려면 6시에는 집에서 나와야 해서 5시에 일어나려고 알람을 맞춰 놨는데, 3시에 눈이 떠지는 바람에 그대로 일어나 볼까 했지만, 그럼 잠이 부족해질 것 같아서 어떡하나 우물쭈물하는 사이에 어느새 또 잠이 들었다가 정신 차려 보니 5시 반이 됐고……."

사례를 든 사람처럼 '~해서, ~해서, ~했더니, ~이고' 하면서 마침표 없이 계속 말을 이어가는 사람이 적지 않다. 이런 식으로 말하면 듣는 사람 입장에서는 '아직 결론이 나오려면 한참 남았구나' 예상하면서 머릿속이 멍해진 채 이야기를 듣게 된다. 그러면 어떻게 되겠는가? 상대가 이야기를 다 끝냈는데 '그래서 결론이 뭔데?' 하고 느끼게 된다. 위에서 한 이야기를 짧게 쪼개어 이야기해 보면 이렇다.

- 어제는 출장이었어.
- 아침 8시에는 ○○역에 도착해야 했지.

- 그러려면 6시에는 집에서 나와야 해.

- 그래서 5시에 일어나려고 알람을 맞춰 놨어.

같은 내용이지만 마침표만 찍어도 훨씬 듣기 편하다. 우리의 뇌는 마침표가 찍힌 곳에서 단락을 짓고 그 지점까지의 내용을 정리하기 때문이다. 마침표가 있으면 거기에서 앞의 내용을 한 차례 정리하면서 듣게 되니 이야기가 쉽게 이해된다. 짧은 문장 속에서 내용도 간결해져서 말하는 사람도, 이야기를 듣는 사람도 편안함을 느낄 수 있다.

마침표를 넣고 끊어 말하면 어조도 시원시원해진다. 짧은 문장으로 말하면 알아듣기 쉽다는 이유도 그 때문이다. 마침표 없이 문장을 길게 늘어뜨리면 PREP 기법을 사용하고도 원하는 효과를 얻지 못한다. 1장에서 예로 든 '좋아하는 동물'(25쪽 참조)에 대한 답변도 긴 문장으로 답하면 어떤지 직접 읽어 보라.

"제가 좋아하는 동물은 개로, 개는 사람을 정말 많이 도와주는데, 안내견도 있고, 보청견도 있고, 그리고 마약탐지견이나 다양한 곳에서 활동하는 개가 있어서, 고양이는 이런 걸 할 수 없으니까 개를 좋아합니다……."

이야기를 들어보면 전체적인 흐름은 PREP 기법을 따르고 있다. 하지만 마침표 없이 긴 문장으로 연결된 이야기는 핵심을 파악하기 어렵게 만든다. 논리적으로 말하고 싶다면 문장을 짧게 만들어야 한다. 가장 중요한 포인트다. 반드시 기억하길 바란다.

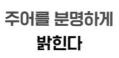

주어를 분명하게
밝힌다

논리적 말하기에서 첫 번째로 중요한 것은 문장을 짧게 만드는 것이라고 이야기했다. 그렇다면 두 번째로 중요한 것은 무엇일까? 바로 주어와 서술어가 뚜렷하게 드러나는 간결함을 갖추는 것이다.

PREP 기법은 구성의 흐름상 첫머리에서 이야기의 핵심을 먼저 밝힌다. 이 기법이 더 선명해지려면 요점이 무엇인지, 의견을 낼 때는 누구의 의견인지 확실히 밝혀 두어야 한다. 주어와 술어, 즉 '누가 어떻게 했다', '무엇이 어떠하다'가 모호하면 절대 논리적일 수 없기 때문이다.

주술구조가 비교적 명확한 영어와 달리 주어가 없어도 문장이 성립되는 언어도 있다. 우리가 쓰는 말도 그렇다. 그러다 보니 말할 때 '누가 어떻게 했는지'를 대충 생략하는 경우가 많다. 예를 들면 다음과 같이 말하는 사람이 있다.

"신제품 말인데요, 한 달 내로 완성할 수 있을 거라는 이야기를 들었습니다. 그래서 예정대로 판매를 개시할 수 있을 것 같아서 그렇게 진행하고 있습니다."

이 이야기만으로는 누가 신제품을 완성하는 데 한 달이 채 걸리지 않을 거라고 말했는지, 또 누가 판매를 예정대로 진행할 수 있을 것이라 예상하는지, 나아가 누가 무엇을 진행하고 있는지 분명하지 않다. 물론 기본적으로 말하는 사람이 그렇게 생각하고 있다고 추측할 수 있고, 그가 하는 말은 그 자리에 함께 있는 사람들이 이미 공유하고 있는 정보로 보완될 테니 큰 문제는 없다.

그러나 주어를 대충 생략한 부분이 많아지면 이야기의 논리가 부실해진다. 또한 실제 업무 현장에서는 '누가'를 확실히 밝히지 않으면 혹시라도 문제가 발생했을 때 책임 소재가 불분명해진다. 따라서 비즈니스와 관련한 이야기를 할 때는 주어를 빠뜨리면 안 된다. 위의 예시에서 주어를 넣어 정리하면 다음과 같다.

"신제품 말인데요, 공장 제조책임자님 말로는 한 달 내로 완성될 거라고 합니다. 본사 영업부도 예정대로 판매를 개시할 수 있을 것으로 예상해 이후 업무를 진행하고 있습니다."

어떤가? 회사에서 상사에게 업무 관련 보고를 할 때 이렇게 말하면 이해하기도 훨씬 쉽고 보고자의 대처 방식이나 책임감도 남다르게 느껴진다. '누가 어떻게 했다'를 제대로 명시하는 것이 이야기 구성의 기본이다.

주어를 분명히 밝히는 데는 주어를 앞으로 빼서 이야기하는 습관이 도움이 된다. 문장 구조상 끝까지 들어 봐야 중요한 내용을 알 수 있는 경우도 있다. "내일은 비가 올 것……"으로 시작해도 "비가 올 것 같다"로 끝날지 "비가 올 것이라고 일기예보에서 말했다"로 끝날지 알 수 없는데, 말의 어미에 따라 두 정보의 신뢰도는 완전히 달라진다.

만약에 중요한 주어인 '누가'에 대한 부분이 이야기의 마지막까지 나오지 않으면 듣는 사람에 따라 상대가 하고자 하는 말의 핵심을 알아채지 못할 수도 있다. 따라서 '누가' 부분을 앞으로 빼서 최대한 빨리 전달해야 한다. 다음 두 문장을 비교해 보자.

> A "이 조사 결과대로라면 새로운 기획은 조금 더 지켜봐야 할 것 같습니다."
>
> B "제 생각으로는 이 조사 결과대로라면 새로운 기획은 조금 더 지켜봐야 할 것 같습니다."

B처럼 '제 생각으로는'이라는 말을 서두에 밝히고 이야기를 시작하면 듣는 사람이 더 빨리 내용을 이해할 수 있다. 특히 말을 할 때는 주어인 '누가'를 앞부분에 밝히면 듣는 사람 입장에서는 상황을 더 빨리 파악하고 더 논리적이라고 받아들이게 된다.

POINT

'누가', '무엇이'와 같은 주어를 앞으로 빼면 이야기가 더 쉽게 논리적으로 전달된다.

구체적이고 정확한
단어를 선택한다

이야기를 논리적으로 구성하고 싶다면 단어를 선택할 때도 충분한 고민이 필요하다. 단어 가운데는 그 뜻이 모든 사람에게 같은 의미로 전달되는 것과 사람에 따라 다르게 받아들이는 것이 있기 때문이다.

예컨대 10명을 앞에 두고 '아주 큰 빌딩'이라고 말하면 이야기를 들은 10명은 모두 다른 크기의 건물을 머릿속에 떠올린다. 이때 '지상 10층짜리 빌딩'이라고 말하면 외관은 다르겠지만 높이는 그리 차이 나지 않을 것이다. 따라서 논리적으로 말할 때는 듣는 사람마다 다르게 받아들이지 않도록 구체적인 단어를 선택하고 사용하는 것이 중요하다.

어떤 단어를 선택하고 사용하는지는 말하는 사람의 성격이나 기질에 따라서도 달라진다. 예를 들어 사람의 기질을 '감성적인 사람'과 '이성적인 사람'으로 크게 구분한다면, 각각의 기질에 따라 단어를 선택하는 경향도 달라진다. 똑같은 빌딩을 보고도 감성적인 사람이라면 자신이 받은 인상이나 놀라움, 감동을 담아 "아주 큼직하니 견고해 보이네"라고 말한다. 반면 이성적인 사람이라면 감성보다 객관적인 판단을 우선해서 "지상 10층짜리 철근 콘크리트 건물이군" 하고 말할 것이다.

이러한 기질의 차이는 어느 쪽이 더 좋고 나쁘다고 할 수 없다. 다만 논리적 말하기를 통해 자신의 주장을 관철시키거나 듣는 사람을 설득하고 싶을 때는 최대한 객관적인 단어를 선택하는 것이 좋다. 슈퍼마켓 판촉 회의 시간에 '올해는 아이스크림 판매에 주력하자'라는 주장을 펼쳐야 한다고 해 보자.

A "날이 더워지면 아이스크림 매출도 확 올라갈 테니까……"

B "기온이 30도 넘으면 아이스크림 매출이 30도 이하인 날보다 15퍼센트 오르니까……"

어느 쪽이 더 명확하게 들리는가? 당연히 B처럼 구체적인 숫자를 넣어 이야기하는 게 더 설득력 있다.

논리적으로 말하고 싶다면 최대한 객관적인 지표라고 판단되는 숫자를 넣거나 다른 사람의 해석에 영향을 받지 않는 단어를 선택하자. 논리란 이야기의 흐름을 누구나 똑같이 이해해야 하는 것이다. 따라서 논리적으로 말하려면 모든 사람이 같은 의미로 받아들일 수 있는 구체적이면서도 객관적인 단어를 사용해야 한다.

\POINT/

- 듣는 사람마다 다르게 받아들이지 않도록 구체적인 단어를 사용한다.

  [예시] 큰 빌딩 → 30층짜리 고층 오피스 빌딩

- 주관적인 단어는 최대한 배제한다.

  [예시] 더운 날에는 아이스크림이 잘 팔린다.

  →기온이 30도 넘으면 아이스크림 매출이 15퍼센트 오른다.

접속사를 능숙하게
구사한다

문장을 짧게 끊어 말해야 한다면 이번에는 문장 연결 방법에 대해 생각해 보자. 짧은 문장을 연달아 말하면 확실히 명쾌하고 이해하기 쉽다. 하지만 이야기가 툭툭 끊어지는 듯한 느낌이 들면서 듣는 사람이 전후 관계를 파악하기 힘들 때도 있다.

앞에서 예(48쪽)로 든 "어제는 출장이었어. 아침 8시에는 ○○역에 도착해야 했지"라는 문장도 "어제는 출장이었어. 그래서……" 하고 연결해 주는 단어인 '그래서'를 넣으면 대화가 한결 자연스럽고 앞뒤 문장이 연결되면서 의미 관계도 분명해진다. 이처럼 논리적으로 알기 쉽게 말하는 또 하나의 포인트는 '접속사를 사용하는 것'이다.

우리는 평소에 대화할 때 접속사를 의식하지 않는 편이다. 문장을 끊지 않고 '~해서, ~해서, ~했더니, ~이고……' 하면서 이야기를 이어 나가도 전후 관계를 나타낸다는 뜻이 포함되어 있기 때문이다. "출장이라서 8시에는 〇〇역에 도착해야 했어"라는 말을 듣고 "왜 8시에 도착해야 하는데?"라고 묻는 사람은 거의 없다. "출장이었어. 그래서 8시에는……"이라고 강조할 필요가 없다.

일상적인 대화는 단순한 문장만으로 이어져도 내용이 전달되고 자연스럽다. 대화를 나누는 사람들이 이미 서로의 기본적인 정보를 알고 있기 때문에 일일이 설명하지 않아도 된다. 하지만 일상의 가벼운 수다가 아니라 제대로 논리를 펼쳐야 할 때는 접속사를 활용하면 전달력을 높일 수 있다. 다음 문장을 살펴보자.

"경영자를 교체하고 실적이 악화했다."

짧은 한 문장이다. 하지만 이 문장은 3가지로 해석할 수 있다.

A "경영자를 교체했다. 그 후 실적이 악화했다." (시간의 전후 관계)

B "경영자를 교체했다. 그래서 실적이 악화했다." (인과 관계)

C "경영자를 교체했다. 그런데 실적이 악화했다." (역접 관계)

'~하고'로 이어진 문장에서는 그 뜻이 모호한 탓에 다르게 해석되는 경우가 있다.

A는 경영자 교체와 실적 악화가 관련이 없고, 단지 시간상 연속됐을 뿐이라는 의미다. 경영자를 교체한 뒤 급격한 경기 변화 등 경영자와 관련 없는 일로 경영이 악화했을 수도 있다.

B는 교체한 경영자의 능력이 문제였다는 의미인데, 대화하는 사람들 사이에 '이전 경영자는 잘했는데'라는 정보가 똑같이 깔려 있다면 '교체했다. 그래서……'라고 일부러 강조하지 않아도 이해할 수 있다.

C도 마찬가지다. 대화를 나누는 사람들이 '이전 경영자는 탐탁지 않았지만 이번 사람은 괜찮겠거니' 기대하고 있었다면 '그런데'라고 말하지 않아도 서로 의미가 통할 것이다.

이처럼 접속사를 사용하지 않는 일상적인 대화는 이야기를 하거나 듣는 사람이 공유하고 있는 정보가 있어서 이야기의 빈틈이 채워진다. 그런데 만약 새로 온 경영자를 높이 평가하는 사람과 낮게 평가하는 사람, 경영자에 대한 정보가 전혀 없는 3명이 대화했다면 어떨까? "경영자를 교체하고 실적이 악화했다"라는 문장을 3명이 각자 다르게 해석할 수도 있다.

오해의 소지가 있는 글은 논리적이라고 할 수 없다. 논리적인 글이란 모든 사람이 똑같은 의미로 받아들이도록 문장에 사용된 단어나 문장의 전후 연결을 분명히 밝힌 글이다. 이때 접속사가 중요한 역할을 한다. PREP 기법을 활용한 글에서도 접속사를 생략하면 애써 연결한 부분이 흐릿해진다. 좋아하는 동물을 묻는 예를 보면서 다시 비교해 보자.

"제가 좋아하는 동물은 개입니다. 개는 사람을 많이 도와줍니다. 안내견도 있고 보청견도 있습니다. 고양이는 이런 활동을 하지 못합니다. 개가 더 좋습니다."

접속사를 사용하지 않는 글은 왠지 어린이가 쓴 글처럼 보인다.

"제가 좋아하는 동물은 개입니다. 왜냐하면 개는 사람을 많이 도와주기 때문입니다. 안내견도 있고 보청견도 있습니다. 하지만 고양이는 이런 활동을 하지 못합니다. 그래서 개가 더 좋습니다."

이처럼 문장 중간중간에 적당한 접속사를 넣어 말하면 PREP의 4가지 부분이 연결되면서 관계가 드러나 논리적인 글이 된다.

여기서는 짧고 단순한 문장으로 설명했지만, 더 길고 복잡한 내용을 다루는 비즈니스 커뮤니케이션에서는 접속사의 역할이 훨씬 더 중요하다. 또 다른 예를 들어 비교해 보자.

• 접속사를 사용하지 않은 경우

"이 제안을 채택해야 한다고 생각합니다. 다른 제안은 준비하는 데 시간이 꽤 걸립니다. 부품 구매처를 바꿔야 하고, 설계도 일부 변경해야 합니다. 이 제안은 지금 시행하는 제조 방식을 바꿀 필요가 없습니다. 예산도 들지 않으니 빨리 시행할 수 있습니다. 효율적이란 뜻입니다."

• 접속사를 사용한 경우

"이 제안을 채택해야 한다고 생각합니다. 왜냐하면 다른 제안은 준비하는 데 시간이 꽤 걸립니다. 먼저 부품 구매처를 바꿔야 하고, 설계도 일부 변경해야 합니다. 그런데 이 제안은 지금 시행하는 제조 방식을 바꿀 필요가 없습니다. 그런데다 예산도 들지 않으니 빨리 시행할 수 있습니다. 즉 효율적이란 뜻입니다."

접속사를 사용한 두 번째 예가 이야기의 흐름이나 문장의 전후 관계가 더 분명하다는 것을 알 수 있다.

- 접속사는 단어나 문장의 전후 연결을 분명하게 만들어 준다.
- 접속사로 문장과 문장을 연결하고 싶다면 평소에도 의식적으로 접속사를 사용하자.

접속사는
예고다

접속사가 이야기를 이해하기 쉽게 만드는 데는 또 다른 이유가 있다. 접속사는 이야기의 '예고' 역할을 하기 때문이다. 다른 사람이 하는 이야기를 들을 때면 우리는 그 사람이 하는 이야기의 다음 내용을 머릿속으로 예상한다. 아침에 출근했더니 상사가 다가와 이렇게 말했다고 치자.

"좋은 아침! 미안한데 말이야……."

이 말을 듣는 순간 누구나 '뭘 부탁하려나 본데, 야근이라도 시키려는 걸까?' 하고 경계 태세를 갖추게 된다. "미안한데"로 운을 떼면 그다음에 나오는 말은 부탁인 경우가 많다. "미안한데, 오늘 날씨가 좋네"라고 말하지는 않기 때문이다. 이처럼 이야기의 흐름을 예상하면서 듣기 때문에 상대가 예측할 수 있도록 쉽게 말하는 것이 친절한 말하기의 기본이다.

"미안한데"라는 말도 '이제 부탁할 거야'라고 하는 일종의 예고이자 서론인 셈이다. "미안한데"라고 말한 다음 상대가 "오늘 야근해야 할 것 같아"라고 이야기하면 '그럼 그렇지. 어쩔 수 없지' 하면서 침착하게 받아들일 수 있다. 실제로 야근할 것인가는 다른 문제지만 말이다.

그런데 만약 별 다른 말도 없다가 바로 "좋은 아침! 오늘 야근해야겠어!"라고 말하면 '뭐라고? 갑자기 왜?' 하고 반발심부터 든다. 사람은 갑자기 예상하지 못한 말을 들으면 곧바로 수긍하고 받아들이지 못한다. 순간적으로 그 말을 이해하지 못하는 것이다.

상황을 논리적으로 이해하려고 할 때도 마찬가지다. '지금 이렇게 말했으니까 다음에는 이렇게 될 것'이라고 예측하면서 이야기를 듣는데, 그 예측대로 되면 '그럼 그렇지, 무슨 말인지 알겠네' 하면서 받아들인다. 하지만 자신이 예측하지 못한 방향으로 이야기가 흘러가면 '이상한데? 무슨 말이지?' 하고 받아들이지 못한다.

"우리 회사의 경영 실적이 악화하고 있습니다. 그래서……"라는 말을 들으면, 누구나 그다음에 '인원 감축'이나 '신입사원 채용

계획 취소' 등의 대책이 나오리라 예상한다. '경영 실적 악화'를 말한 뒤에 "그래서 연례 행사인 사원 연수를 진행하려고 합니다"라는 이야기가 이어질 리 없다. 그렇게 말하는 사람이 있다면 '무슨 말을 할지 종잡을 수 없는 이상한 사람' 취급을 받을 것이다.

이와 같이 접속사도 "미안한데"와 마찬가지로 예고 역할을 한다. 접속사가 없는 이야기를 이해하기 힘든 이유도 더 확실해진다. 접속사가 빠진 이야기는 다음 내용을 예측할 수 없기 때문이다. '어제는 출장을 다녀왔다'라는 문장만으로는 그다음에 무슨 내용이 이어질지 전혀 알 수 없다. '비가 왔다'가 될 수도 있고 '혼자가 아니라 부장님도 함께였다', '정말 가기 싫었다'도 될 수 있다. 하지만 이 문장이 '어제는 출장을 다녀왔다. 그래서'가 되면 그 뒤에 이어질 수 있는 선택지는 단숨에 좁혀진다. 즉 듣는 사람의 입장에서는 예상 범위가 좁혀져 다음 이야기를 예측하기 쉬워진다는 말이다. 이는 말하는 사람의 이야기가 이해하기도 알아듣기도 쉬워졌다는 뜻이기도 하다.

상대가 쉽게 받아들이고 이해할 수 있게 이야기하는 것이 친절한 말하기다. 반대로 접속사가 빠진 이야기는 불친절한 이야기라 할 수 있다. 접속사 하나 없이 마침표만으로 뚝뚝 끊어진 문장을 들을 때의 불편함은 듣는 사람에 대한 배려가 부족한 데서 비롯된 것인지도 모른다.

상대에 대한 배려 한마디 없이 무턱대고 부탁하는 사람은 가까이하기가 꺼려지는 것처럼 적절한 접속사 없이 늘어놓은 이야기는 단편적이고 예측하기 어려워 듣는 사람이 받아들이기 힘들다. 말을 할 때는 필요한 부분에 접속사를 적절히 사용해 상대가 이해하기 쉽고 논리적으로 받아들일 수 있도록 해야 한다.

접속사의 종류와 역할

뜻과 역할	접속사 종류
앞뒤 내용을 연결할 때	그래서, 그러므로, 그러니까, 따라서, 그러자 등
앞의 내용에 반대할 때	그러나, 그렇지만, 하지만, 그렇더라도, 그런데 등
앞의 내용에 덧붙일 때	그리고, 또한, 게다가, 더구나, 아울러 등
앞의 내용을 다른 말로 설명할 때	즉, 다시 말하면, 예를 들면, 요컨대 등
앞의 내용에 이유 따위를 보충할 때	왜냐하면, 단, 다만 등
어느 하나를 선택할 때	또는, 혹은, 그렇지 않으면 등
화제를 바꿀 때	그럼, 그렇다면, 그런데, 다음으로 등

습관적으로
접속사를 쓰지 않는다

접속사는 논리의 흐름을 명확하게 만들어 듣는 사람이 이야기를 이해하기 쉽게 만들어 준다. 하지만 불필요하게 남발하면 오히려 역효과가 나기도 한다. 시도 때도 없이 접속사를 쓰는 사람들이 있다. 이를테면 이런 사람들이다.

① '즉……'으로 시작해 장황하게 이야기하는 사람

'즉'은 앞의 이야기를 줄인 말이다. 다시 말해 짧게 요약해서 말하는 것이다. 이야기가 길어지면 줄이는 것과는 거리가 멀어진다. '요컨대'도 너무 자주 사용하면 지루한 사람처럼 느껴진다.

② 비유가 나올 자리에 사실이나 의견을 말하는 사람

'예를 들어'는 '만일 ~했다면', 'A가 B라면', '~의 경우'처럼 가정의 표현과 함께 사용하거나, 화제와 관련 있는 예를 들어 비교하거나 구체화하기 위해 사용하는 것이다. 이 단어를 쓸 때는 '무엇을 무엇에 빗대었는가?', '그것은 무엇의 예인가?'를 따져 봐야 한다.

③ '그런데'를 연발하는 사람

자기주장이 강하고, 상대 의견에 반대부터 해야 직성이 풀리는 사람에게 흔한 습관이다. "근데 K씨는 그렇게 말하지만, 근데 당연한 부분도 있잖아. 근데 나는……." 이처럼 '그런데'를 연발하면 앞서 말한 내용을 계속 부정하면서 이야기가 진행되어 결국 무슨 말을 하고 싶은 건지 전달하기 어렵다.

누군가와 대화할 때 이런 습관이 있다면 아무리 논리적으로 말하기를 추구한다고 해도 상대가 그렇게 받아들이지 못한다. 논리적으로 말을 잘하고 싶다면 대화를 할 때 시도 때도 없이 접속사를 사용하는 습관은 고쳐야 한다.

중요한 내용은
반복해서 상기시킨다

우리는 대부분 내가 논리적으로 말하면 상대가 제대로 알아들었을 것이라고 생각한다. 감정적으로 말하면 듣는 사람이 이해하기 어렵지만, 객관적이고 논리적으로 이야기하면 상대가 당연히 이해했을 것이라고 믿는다. 혹시 이해하지 못했다면 상대가 논리적이지 않거나 머리가 나쁘기 때문이라고 여긴다. 사회생활에서 바로 현장에 투입되는 경우라면 그렇게 생각하기 더 쉽다.

　이 말은 일부는 맞다. 하지만 기억해야 할 것이 있다. 우리가 다른 사람의 이야기를 듣고 이해했다고 느끼려면 이야기의 논리 외에도 다양한 요소와 조건이 필요하다.

먼저 상대의 이야기를 제대로 이해하려면 내 머릿속에 그 내용을 담아서 나름대로 해석하는 과정이 필요하다. 상대의 이야기를 들었지만 기억하지 못한다면 이해하지 못하는 것은 당연하다. 다시 말해 말하는 사람은 상대가 자신의 이야기를 기억하도록 해야 한다. 그러려면 중요한 내용을 반복해서 말하거나 표현에 공을 들이는 등 다양한 방법으로 인상 깊게 상대에게 전달해야 한다.

아무리 논리적이어도 무미건조하게 말하면 이야기를 듣는 사람은 온전히 받아들이기 어렵다. 이러한 사실을 모른 채 논리에만 집착하면 예상과는 다른 반응이 들려온다. 말은 논리정연한데 이상하게 내용이 와 닿지 않는다든가, 듣긴 들었는데 최종적으로 무엇을 이야기하려 했는지 기억이 잘 안 난다는 답변을 듣게 된다.

'기억'이라는 단어를 듣고 학교 시험을 앞두고 암기 때문에 고생한 때를 떠올리는 사람도 있을 것이다. 영어 단어를 외우느라 애먹은 기억도 생각날 것이다. 아마 손으로 쓰고, 단어 카드를 들여다보고, 형광펜으로 줄도 그어 가며 몇 번이고 반복해서 외웠을 것이다. 짧은 단어 하나 외우는 데도 가장 필요한 것은

'반복'이다. 하물며 긴 이야기는 어떻겠는가.

이야기는 반복해서 듣지 않으면 한 귀로 듣고 한 귀로는 흘려버리게 된다. 그렇기 때문에 PREP 기법에는 P(Point)가 반복해서 들어가는데, 핵심을 처음과 끝에서 두 번 반복해서 말하는 것이다.

여기에서 잠깐 자기소개를 하던 때를 떠올려 보자. 입학, 입사, 동아리 활동, 영업 활동 등 사회생활을 하다 보면 자신을 소개할 기회가 많은데 대부분의 경우 다음 예와 같이 비슷한 형식으로 말한다.

"저는 K라고 합니다. 오늘부터 이 모임에 참가하게 되었는데 잘 부탁드립니다. △△에서 태어났고 작년에 취업하면서 □□에 왔습니다. 취미는 축구 관람입니다. 잘 부탁드립니다."

지극히 평범한 자기소개다. 그런데 이 문장에 P를 반복해서 넣어 보면 어떨까? 자기소개에서 가장 중요한 것은 얼굴과 이름을 기억하게 하는 것이다. 따라서 이름을 반복해서 말해 보자.

"저는 K라고 합니다. 오늘부터 이 모임에 참가하게 되었는데, 잘 부탁드립니다. ……취미는 축구 관람입니다. K였습니다. 앞으로 잘 부탁드립니다."

논리적인 사고를 추구하는 사람일수록 앞에서 이름을 말했으니 다시 말할 필요는 없다고 생각한다. 군더더기 없는 간결한 구성으로 이야기한다는 측면에서는 맞는 말이다. 하지만 상대에게 강한 인상을 남기기 위한 자기소개의 본래 목적을 따져 본다면 효과적이라고 할 수 없다.

첫 번째 예시처럼 처음에만 이름을 밝히고 자기소개를 끝내면 사람이 많은 자리에서는 다른 사람들이 내 이름을 기억하기가 어렵다. 짧은 이름을 상대의 머릿속에 남기기도 쉽지 않은데, 내용도 복잡하고 발언 시간도 긴 경우는 더 그렇다. 그럴 때는 상대가 기억해야 하는 내용을 '반복'하는 것이 포인트라는 것을 기억하자. 'P가 두 번'이어야 하는 이유를 이해한다면 논리적 말하기의 첫 발을 뗴었다고 할 수 있다.

> **POINT**
> 중요한 내용은 반복하라. 그러면 상대에게 강한 인상을 남길 수 있다.

PREP 기법을 강조하는 데는
이유가 있다

사실 PREP 기법은 평소에 일반적으로 나누는 대화에서도 쉽게 찾아볼 수 있다. 대화를 할 때는 둘이나 그 이상의 사람이 PREP 의 각 부분을 분담해서 이야기를 하게 된다.

다음 예는 휴일 전날, 컴퓨터를 구입하고 돌아온 남편과 아 내의 대화다. 남편은 집을 나서기 전 'M사의 컴퓨터를 구입해야 겠다'라고 말했는데 다른 컴퓨터를 산 모양이다.

남편 "나 왔어. N사 컴퓨터로 샀어." (P: 쇼핑 결과를 보고한다.)

아내 "왜? M사 걸로 산다며." (R: 이유를 묻는다.)

남편 "그러려고 했는데. 실제로 보니까 N사 게 더 좋더라고." (R: 이유를 대강 답한다.)

아내 "그래? 뭐가?" (R에서 E: 구체적인 이유를 캐묻는다.)

남편 "M사 컴퓨터가 작아서 낫다 싶었는데, 실제로 보니까 생각보다 너무 작더라고. N사 컴퓨터는 확실히 조금 크긴 한데, 그만큼 화면도 보기 편하고 가격도 저렴했어." (E: 구체적인 이유를 들어 자세히 설명한다.)

아내 "그래서 N사 컴퓨터로 샀구나." (P: 이해하고 결론에 이른다.)

남편 "그래." (P: 결론을 확인한다.)

직장에서 대화를 나누든, 친구끼리 수다를 떨든 순조로운 대화는 대개 이런 식으로 PREP 기법의 순서대로 진행된다.

물론 항상 그런 것은 아니다. 상대에게 반론을 제기하거나 불만을 이야기하는 경우 등 정해진 패턴에서 벗어나 다양하게 대화가 전개될 수도 있다. 하지만 대부분은 'A가 먼저 말을 한다 → B가 이유를 묻는다 → A가 이유를 답한다'와 같이 큰 줄기를 따라 여러 방향으로 전개된다. 이처럼 PREP 기법은 일상의 흔한 대화에서 자주 볼 수 있는 패턴을 하나의 형식으로 정리한 것이라고도 할 수 있다.

상대의 이야기를 들었는데 이해가 안 되면 이유를 알고 싶은 게 자연스러운 감정이다. 이유를 듣고 나면 더 자세히 알고 싶고, 더 구체적으로 이해하고 싶은 마음이 드는 것도 자연스럽다. 한마디로 PREP 기법은 대화할 때 느끼는 자연스러운 감정에 따라 구성된 셈이다.

앞의 예에서도 "나 왔어. N사 컴퓨터로 샀어"라고 P를 던지는 남편에게 아내가 "늦었네. 밥은?" 하면서 남편이 말하고자 하는 이야기와 전혀 상관없는 대답을 했다면 대화의 흐름은 달라졌을 것이다(물론 가벼운 인사처럼 식사를 챙기는 경우를 빼고). 남편의 P(결론)에 아내가 정확히 반응해 R(이유)로 물었기 때문에 남편도 본인이 말하고 싶은 주제를 이어갈 수 있었다.

또 아내가 "왜?"라고 묻는데 남편이 "일단 목욕 좀 하고 나올게" 하면서 대화를 중단해 버렸다면, 이 역시 기분 좋게 대화를 이어 나갈 수 없다. 자연스러운 이야기의 흐름을 자기 멋대로 끊어 버리면 원활한 소통은 물 건너간다. 이처럼 PREP 기법을 일종의 커뮤니케이션 심리 도구로 알아 두면 원만한 인간관계를 유지하는 데도 도움이 된다.

그렇다면 PREP 기법을 비즈니스 말하기에 어떻게 적용할 수 있을까? 한 고객이 자동차 판매 담당자를 불러 이렇게 말했다.

"차를 바꾸고 싶은데요."

그러자 신입 직원인 A는 바로 신제품을 추천했다.

"그러시군요! 감사합니다. 그렇다면 저는 이 차를 추천하고 싶습니다. 이 차는……."

같은 상황에서 베테랑 직원인 B는 이렇게 말했다.

"감사합니다. 지금 타고 있는 차에 무슨 문제가 있나요?"

B의 말은 '차를 바꾸고 싶다'는 상대의 P(결론)를 듣고 R(이유)을 끌어낸 질문이다. 이야기를 이 방향으로 끌고 가면 고객은 "이제 낡아서요"라든가 "가족이 늘어서 큰 차로 바꾸고 싶어서요" 등 구체적인 이유를 말한다. 베테랑 영업 직원 B는 고객의 이야기를 듣고 나서 신제품을 추천했다.

이야기가 이렇게 진행되면 결과적으로 A와 B가 추천한 신제품이 같은 차종이었다 해도 고객이 수긍하는 정도는 완전히 달라진다. A는 고객이 던진 'P(결론: 바꾸고 싶다)'에 자신의 'P(결론: 이것을 추천한다)'를 들이밀었는데, B는 고객의 P를 R로 받아내 자연스러운 이야기의 흐름을 만들었기 때문이다.

고객의 이야기(R: 이유)를 경청하면 고객의 니즈를 충족시킬 만한 제품을 추천할 수 있게 되고, 구체적인 추천 포인트(E: 구체적인 예)를 확실히 전달할 수 있다. 그러면 고객은 쉽게 수긍하고 B가 제시한 P라는 결론에 이를 가능성도 커진다.

PREP 기법은 혼자만 사용하는 게 아니라 대화하는 상대와 나눠 활용할 수 있다. 그러면 '잘 듣는 사람'이 될 수도 있다.

앞서 전문 영업 직원인 B는 고객에게 지금 타는 차에 대해 물어봄으로써 고객에게 차를 바꾸려는 R(이유)을 이끌어냈다. B와 같이 질문을 통해 상대의 이야기를 끌어내고, 하고 싶은 말을 더 자세히 설명하도록 유도할 줄 아는 사람이 '잘 듣는 사람'이다.

이처럼 PREP 기법을 알아 두면 질문을 하면서 자연스럽게 대화를 이어 나갈 수 있다. 대화를 할 때 다음의 한마디가 그런 효과를 낼 수 있다.

"오늘은 어떤 이야기인가요?"

"그건 왜 그런 거예요?"

"예를 들면 어떤 거죠?"

"결국 어떻게 됐나요?"

PREP 기법에서 이런 질문들을 하면서 상대의 이야기를 자꾸 끌어내면 평소 두서없이 말하는 사람도 질문에 따라 조리 있게 말할 수 있다. 평소에도 이런 식의 질문을 하면서 대화하면 동료나 업무 관계자들에게 "저 사람과는 이야기가 잘 통한다"
라는 평을 듣게 된다. PREP 기법을 잘 활용한다면 말하기에 자
신감이 생길 것이다.

3장   결론(P: 요점)부터
먼저 전달한다

무엇이 중요한지
먼저 파악하라

이번 장에서는 PREP 기법의 각각에 해당하는 말하기 방법과 중요한 요점을 하나씩 살펴보기로 한다. 각 단계별 말하기 방법을 배우다 보면 비즈니스에서 말하기 능력을 향상시키기 위한 비결과 태도도 배울 수 있다. 우선 '요점부터 말하기' 기술인 'P(결론)'부터 살펴보자.

'요점이나 결론부터 말하기'는 비즈니스 말하기의 가장 중요한 원칙이다. 신속함과 효율성을 추구하며 분초를 다투는 전쟁 같은 업무 현장에서는 가장 중요한 이야기가 맨 처음 귀에 들어

와야 한다. 그런데 중요한 이야기부터 말하는 것이 생각처럼 쉽지만은 않다. 누구나 한두 번쯤은 상사나 고객에게 "그래서 하고 싶은 말이 뭐죠?", "알겠으니까 결론부터 말해 보세요"라는 말을 들어 본 적이 있을 터다.

'중요한 것부터 말하기'라는 간단한 원칙을 쉽게 실행하지 못하는 이유는 무엇일까? 그 이유로는 3가지를 들 수 있다. 3가지 관점에서 요점부터 전달하기 위해서는 어떻게 해야 하는지 하나씩 자세히 살펴보자.

논리적인 이야기를 꺼내기 어려운 3가지 이유
① 요점이 무엇인지 본인도 모른다.
② 요점을 결정하거나 선택하지 못한다.
③ 심리적 요인 때문에 바로 요점을 꺼내지 못한다.

먼저 논리적인 이야기를 꺼내기 어려운 3가지 이유 중 첫 번째 이유부터 살펴보자. 이야기를 할 때 요점이 무엇인지 모르는 경우는 다음 2가지로 나눌 수 있다.

1. 요점을 파악하지 않은 채 이야기를 시작한다

누구나 한번쯤 하고 싶은 말을 제대로 정리하지 않은 상태에서 이야기를 시작해 본 적이 있을 것이다. 회사원이라면 '부장님께 빨리 이 내용을 전달해야 하는데' 하고 초조해하는 사이에 사무실로 부장님이 들어오는 걸 보면 반사적으로 "부장님!" 하고 일단 부르는 경우다. 일정이 바쁘면 어쩔 수 없을 때도 있지만, 이런 상황에 놓이게 되면 상사와 대화를 나누면서 무슨 말을 어떻게 꺼낼지부터 생각하게 된다. 결국 전달해야 할 내용의 요점을 제대로 파악하지 못한 채 대화가 다음처럼 진행된다.

A 사원 "저, 부장님, 잠깐 시간 괜찮으신가요?"

B 부장 "어, 괜찮네. 무슨 일이지?"

A 사원 "네, 그게 어제 고객과 미팅을 했는데요. 지난주 견적을 냈던 그건 말이에요. 그쪽 담당자와 만나 본 느낌으로는 제안 자체는 나쁘지 않은 듯하고, 가격 면에서도 그 정도는 뭐 수용할 수 있을 것 같았는데, 계획을 일부 수정했으면 하는 것 같더라고요. 그건 뭐 설계 쪽에서 대처할 수 있긴 한데, 그렇게 하면 납기도 늦춰질 거고……."

B 부장 "그래서 결국 어떻게 됐다는 건가?"

부장님이 시간이 많다면 장황한 이야기를 끝까지 들어 줄 수도 있지만, 계속 이런 식으로 요점을 추리지 않고 길게 말하다간 상사의 짜증만 돋우기 쉽다.

일상적인 대화에서는 무엇이 요점인지 정리하지 않은 채 이야기를 나누어도 상대와 서로 질문과 답변을 반복하며 할 말의 요점을 찾고 확인할 수 있다. 하지만 비즈니스 커뮤니케이션에서는 처음 이야기를 시작할 때 어느 정도 요점을 잡아두어야 한다. 그러지 않으면 대화 당사자의 소중한 시간을 낭비하게 된다. 따라서 해야 할 말의 큰 틀 정도는 미리 머릿속에 그려 두자. 무엇을 어떤 순서로 말하면 좋을지, 무슨 이야기부터 꺼낼지를 미리 생각해 두는 것이 좋다.

2. 내용을 전부 전달하는 것이 좋다고 믿는다

전달하고자 하는 이야기의 요점을 파악하지 못하는 것을 넘어 아예 의식조차 못 하는 사람도 있다. 자신이 말하고자 하는 내용이 전부 중요하다고 생각하는 경우다.

예를 들어 초등학생에게 '어제 있었던 일'에 대해 일기를 써 보라고 했다. 어제 있었던 일을 아이가 어떻게 인식하느냐에 따라 다양한 형태의 글이 나온다. 어떤 아이는 아침부터 일어난 일을 순서대로 써 내려간다.

어제는 날씨가 맑았다. 아침 8시에 일어나 밥을 먹고 학교에 갔다. 학교에서 공부는 안 하고 일단 다 같이 운동장에 모였다가 선생님과 함께 동물원으로 갔다.

그런데 똑같은 하루를 보낸 아이들 중에는 '어제는 소풍을 갔다'라는 내용부터 적는 경우도 있다. 이야기의 첫 줄부터 핵심을 짚은 것이다. '소풍'이라는 행사를 자신이 얼마나 인상 깊게 느꼈는지도 중요하게 작용했겠지만, 그보다는 일기라는 것의 목적이 하루 동안 일어난 일 가운데서 가장 중요한 것 하나를 주제로 잡고 이야기로 풀어내는 데 있다는 사실을 파악하고 있는 것으로 보인다.

중요한 것을 명확하게 인식하고 일기를 써 내려가는 아이와 그날 하루 동안 일어난 일을 순서대로 쓰는 아이는 성격이나 기질에서 차이가 있다. 그리고 이 차이는 어른이 된 뒤 사회생활에서도 영향을 미친다.

회사에서 상사가 "어제 회의는 어떻게 됐습니까?" 하고 보고를 요구하는 경우를 생각해 보자. 이 질문에 "아아, 9시에 시작해서 일단 사업부 부장님 인사로 시작했고⋯⋯" 하며 머릿속에 떠오르는 순서대로 말하는 사람이 있는가 하면, "네, 영업부가 제안한 행사를 진행하기로 했습니다"라고 곧바로 자기 나름의 요점부터 말하는 사람도 있다. 똑같은 회의에 참석해서 결과를 공유하고도 핵심이 무엇인지 의식하고 있었는지 아닌지에 따라 보고의 내용에서 큰 차이가 난다.

정도의 차이는 있겠지만 일기도 보고도 모두 '요점'을 의식하는가의 문제다. 무엇이 중요한지 의식하지 못하는 사람에게 요점부터 말하라고 하면 무슨 말인지 바로 이해하지 못한다. 따라서 요점이 필요하다는 사실을 명확하게 인식하고, 그것을 찾아내야 한다. 이것이 비즈니스 커뮤니케이션을 성공시키는 첫걸음이다.

POINT

항상 '무엇이 중요한지'부터 파악하자.

요점을 파악하기 위해
해야 할 일

① 말을 꺼내기 전에 요점부터 정한다

이야기를 하다가 요점을 명확하게 말하지 않고 메시지를 제대로 전달할 수 있는 경우는 일상에서 친한 사람들과 나누는 가벼운 수다 정도밖에 없다. 사회생활을 하면서 일과 관련된 내용을 전달할 때는 요청하고자 하는 바를 확실하게 정리한 후에 이야기를 꺼내야 한다.

업무 중에 전달해야 할 내용을 빨리 찾기 위해서는 평소 생각 습관부터 정비하는 것이 좋다. 예를 들면 다음과 같은 것들이다.

• 두 시간짜리 회의가 있었다면, '이 두 시간짜리 회의에서 가장 중요한 이야

기는?'

• 하루가 끝났다면, '오늘의 특이사항은?'
• 또 신문에 실린 기사를 읽었다면, '오늘 기사 중에서 가장 중요한 것은?'

이처럼 자문자답하는 습관을 들이면 바로바로 요점을 파악하는 능력을 키울 수 있다.

② '15초 안에 말한다면'을 생각한다

상대에게 전달하고자 하는 메시지의 요점을 파악할 때 '가장 하고 싶은 말이 무엇인가?'를 생각해 보면 좋다. 더 구체적으로는 '나에게 15초밖에 시간이 없다면 무슨 이야기를 전달할 것인가?'를 생각해 보면 요점을 금방 정리할 수 있다.

시간이 얼마든지 있다고 생각하면 '이 얘기도 하고 저 얘기도 해야 하는데', '이건 나중에 말해도 되겠지?' 하는 마음이 생겨 요점을 찾아내는 감각이 둔해진다. 15초 안에 먼저 핵심을 말하자. 그다음에 시간이 남으면 이야기를 덧붙인다고 생각하자. 이런 생각 습관을 들이면 누구와 대화해도 이야기하고 싶은 내용의 요점이 자연스럽게 먼저 나온다.

어떤 경우든
요점을 결정해야 한다

논리적인 이야기를 꺼내기 어려운 두 번째 이유는 '요점을 결정
하거나 선택하지 못한 경우'다. 앞서 말한 내용을 살펴보면 상대
와 대화를 나눌 때 전달하고자 하는 내용의 요점이 중요하다는
사실은 이미 알고 있을 것이다. 하지만 때로는 이야기할 내용 중
에 요점이랄 게 없거나 여러 개의 요점 중에서 가장 중요한 것
이 무엇인지 몰라 고르지 못하는 경우도 생길 수 있다.

　다음의 두 경우를 살펴보자.

요점이 없는 경우

누군가 의견을 구하거나 질문할 때 PREP 기법을 활용해 대답하면 좋다는 건 다 알고 있다. 하지만 P로 내세울 만한 의견이 없는 경우가 있다.

"좋아하는 동물은 무엇인가?"와 같은 단순한 질문도 동물을 좋아하는 사람이라면 "당연히 개가 최고죠!"라고 말할 수 있다. 그러나 평소에 동물에 관심이 없는 사람이라면 어떨까?

"좋아하는 동물이 뭐냐고요? 딱히 길러 본 적도 없는데……. 뭐 개도 귀엽고, 고양이도 괜찮죠. 판다도 좋긴 한데……."

이런 상황에서 "일단 요점을 말하세요"라고 누군가 요구한다면?

직장에서 이런 일이 생긴다면 문제가 더 심각해진다. 회의 시간에 갑자기 "이 안건에 대해 어떻게 생각하세요?"라는 질문을 받았을 때 별다른 생각도 관심도 없는 안건이라면 우물거릴 수밖에 없다. 그런데 그렇게 반응하면 '우유부단'하다며 낮은 인사 평가를 받을 수 있다. "별다른 의견은 없습니다"라고 대답해도 '소극적이다', '고민해 보지도 않는다'라며 역시 주변에서 차가운 눈길을 받기 십상이다. 회사에서 일을 할 때는 무슨 일이든 자신의 생각을 차분하게 정리해 당당하게 표현할 수 있는 능력이 필요하다.

요점이 여러 개라 고르지 못하는 경우

'요점이랄 게 없다'는 것과는 반대로, 하고 싶은 이야기가 많아서 바로 P를 하나 선택하기 어려운 경우도 있다. 누군가 "이 안건에 대해 어떻게 생각하세요?"라고 물었는데, 자신이 예전부터 진지하게 고민해 본 주제라면 다음과 같이 말할 것이다.

"그 안건은 일단 기획 자체부터 의문입니다. 담당자 선정 방식도 의아하고, 예산도 충분히 검토하지 않은 것 같은 데다가 실행 스케줄도 다시 검토해 봐야……"

이렇게 다양한 문제점을 들 수 있다. 진지하게 안건을 검토하면 할수록 '중요한 건 한두 가지가 아니야!' 하는 생각이 든다.

하지만 이런 생각이 들수록 할 말을 정리하기는 힘들어진다. 이것도 말하고 저것도 말해야 하니 이야기는 길어지고, 주변에서는 결국 '그래서 제일 하고 싶은 말이 뭔데?' 하는 식의 짜증스러운 표정을 짓기도 한다. 하고 싶은 말이 너무 많은 것도, 할 말이 없는 것과 마찬가지로 곤란한 상태다.

POINT
무슨 일이든 자신의 생각을 정리하는 습관을 들이자.

요점을 결정하기 위해
해야 할 일

① 일단 떠오르는 것을 말해 본다

딱히 할 말이 없는 내용에 대해 누군가 의견을 물었다면 일단 떠오르는 것을 말해 보자. 바로 의견을 말하지 않고 "음, 그게, 동물 같은 건 키워 본 적도 없고 딱히 관심도 없어서요" 하면서 우물쭈물하면 대화의 맥이 끊긴다. 마찬가지로 "그 안건에 대해서는……, 음, 크게 생각해 본 적은 없는데" 하면서 그냥 우물거리고 있기보다는 "그렇죠, 예산이 너무 적은 것 같은데요" 하고 일단 뭐라도 좋으니 한마디로 정리해서 대답하자. 그래야 대화가 진행되고, 주변의 평가도 좋아진다.

회사에서는 뛰어난 의견을 가진 사람만 인정받는 것이 아니다.

어떤 질문이라도 바로바로 대답할 수 있는 즉답성, 즉 대처 능력이나 센스를 갖추는 것 또한 일 잘하는 사람이 가져야 할 능력이다.

② 하고 싶은 말에 우선순위를 정한다

전달하고자 하는 내용의 요점이 여러 개일 때는 우선순위를 정하는 것이 중요하다. 종이에 요점을 적어 놓고 중요한 순서대로 번호를 매겨 보자.

'할 말이 다 중요해서 우선순위를 정할 수 없다'는 생각이 들었다면 아직 깊이 고민해 보지 않은 것이다. 어떤 일에서라도 우선순위를 정할 줄 아는 판단력을 갖추는 것이 좋다.

요점의 우선순위를 정하기가 어렵다면 앞에서 이야기한 '15초 안에 말한다면'이라는 가정을 세워 보자. 이야기할 사람들이 많을 때는 발언 시간이 대부분 정해져 있다. 이런 상황에서는 때로 꼭 해야 할 이야기라고 해도 할 수 없는 경우도 생긴다. 그럴 때는 요점부터 말하기 위해 자신이 전하고 싶은 내용을 취사선택할 줄 아는 판단력이 필요하다.

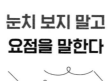

눈치 보지 말고
요점을 말한다

논리적인 이야기를 꺼내기 어려운 세 번째 이유는 심리적 요인 때문에 요점을 바로 꺼내지 못해서다. 하고 싶은 말은 정해져 있지만 '바로 본론부터 말하면 상대에게 실례일까 봐' 혹은 '상대가 너무 놀랄까 봐' 망설이는 것이다. 이럴 때면 어떻게 말해야 좋을까? 심리적으로 발언을 주저하게 만드는 대표적인 경우부터 각 상황에 맞게 대처하는 법까지 차근차근 알아보자.

예의 차원에서 서론을 붙이는 경우

다짜고짜 "저는 이렇게 생각합니다"라고 말하면 주위에서 맹랑하게 볼까 봐 망설이는 경우가 있다. 회의에 참석했는데 주변에 연장자만 있으면 의견을 말할 때 조심스러울 것이다. 그런 경우 대부분 다음과 같이 말한다.

"저 같은 신입사원이 이런 말을 하면 어떨지 모르겠습니다만⋯⋯."

"사회자가 발언 기회를 주셔서 말씀드리자면⋯⋯."

이러한 '서론'이 말하는 사람의 겸손함이나 신중한 태도로 다른 사람들에게 긍정적으로 보이면 다행이다. 하지만 실제 업무 현장에서는 무기력하고 소극적인 이미지로 부정적인 사람으로 보이기 쉽다. 예의를 차리는 서론이 필요한 것은 피로연이나 파티에서 건배사나 축사를 할 때 정도이고, 평소에는 바로 요점부터 말하는 습관을 들이도록 하자.

발언에 자신이 없는 경우

주변 사람의 눈치를 보지 않아도 내가 할 이야기에 자신이 없으면 변명부터 늘어놓고 싶어진다.

"이게 확실히 조사한 내용은 아니고요, 어디까지나 제가 알고 있는 범위에서 말씀드리는 건데……."

"물론 생각은 다 다르니까요. 의견이 저와 다른 분도 있겠지만 저는……."

이러한 서론도 예의 차원에서 서론을 붙이는 경우와 마찬가지로 말하는 사람의 이미지를 부정적으로 만든다. 예의 차원에서 서론을 붙이는 경우라면 주위에서도 어느 정도 '자신을 낮추고, 다른 사람을 배려하고 있구나' 하고 헤아려 줄 수 있다. 하지만 위의 사례처럼 자신감 없는 서론은 그저 시간 낭비나 무책임한 발언으로 더 낮은 평가를 받을 수 있다. 사회생활을 하면서 가능한 자신감 없는 발언은 하지 않는 것이 좋다.

의뢰나 부탁처럼 힘든 이야기를 할 경우

이야기의 목적과 결론이 의뢰나 요구일 때도 곧장 요점부터 꺼내기 어렵다. 특히 상대에게 부담을 주는 부탁, 이를테면 의사결정권이 없는 일반 직원에게 제품의 가격을 할인해 달라거나 회사를 상대로 이자나 대불금의 납기 연기를 요청하는 경우가 그렇다. 이야기를 꺼내는 당사자도 힘들겠지만, 듣는 상대의 기분을 생각해도 바로 본론으로 들어가기가 망설여진다.

아무리 친한 거래처라 해도 상대의 얼굴을 보자마자 두서없이 "100만 원만 깎아 주시면 좋겠습니다"라고 말하기는 힘들다. 이런 경우에는 듣는 사람의 기분을 헤아려 최대한 부드럽게 이야기를 전달하려는 마음에 요점부터 꺼내지 못하고 머뭇거리게 된다.

때로는 원만한 인간관계를 위해 이런 망설임이 필요하다. 이 책에서 전하는 PREP 기법은 논리적으로 말하기에 도움이 되는 구성 방식이지만, 상대의 감정을 고려해야 하는 복잡 미묘한 경우에는 적절하지 않을 때도 있다. 그래서 이야기를 할 때는 요점을 먼저 전하는 것이 좋은 경우와 그렇지 않은 경우를 가려내는 것이 중요하다.

심리적 요인 때문에
요점을 꺼내기 힘들 때 해야 할 일

① 바로 요점에 들어가지 못하는 이유를 찾는다

바로 요점을 꺼내기가 어렵다면 그 이유를 찾아보자. 만약 과한 겸손이나 자신감 부족이 이유라면 불필요한 것이다. 당당하게 요점을 말하면 된다. 아무리 생각해도 덧붙이고 싶은 내용이 있다면 마지막에 요점을 보충하는 차원에서 말하기를 추천한다.

- "~가 제 의견입니다. 신입이 이런 말씀을 드린다는 게 조심스러웠지만 용기 내어 말씀드렸습니다."
- "~라고 생각합니다. 제 생각은 이상입니다만, 아직 충분히 조사한 내용이 아니므로 여러모로 지도 바랍니다."

이렇게 PREP 기법을 활용한 말의 마지막 부분에 겸손의 마음을 담은 한마디를 덧붙이면 이야기 구성으로 봐도 자연스럽고, 호감도도 올라간다.

② 요점을 바로 꺼내지 않는 게 더 좋은 경우도 있다

이야기의 요점을 뒤로 미루는 게 나을 때도 있다. 거래처의 담당자에게 납기 연기를 부탁하는 경우로 비교해 보자.

예시 ① 상대에게 누가 되는 부탁을 할 때

A "앞으로 3일만 기다려주세요. 담당자가 갑자기 몸이 안 좋아져서 작업이 일부 지연되고 있습니다."

B "담당자가 갑자기 몸이 안 좋아져서 작업이 일부 지연됐습니다. 앞으로 3일만 기다려주세요."

두 예시문의 경우 내용은 같다. 하지만 순서가 다르다. A와 같이 요점부터 불쑥 꺼내면 '미안한 마음이 없나 보다', '뻔뻔하다'라는 생각에 상대가 언짢게 느낄 수 있다. 이럴 때는 B와 같이 이유를 먼저 말하고 요점을 뒤로 미루는 편이 좋다.

약속 제안을 거절하는 예로 비교해 보자. 다음 예시는 "오늘 저

녁에 같이 밥 먹자"라는 제안에 대한 대답이다.

예시 ② 상대의 뜻에 반하는 대답을 할 때

A "오늘은 안 돼. 선약이 있거든."

B "오늘은 선약이 있어서 안 되겠네."

제안해 준 상대의 진심을 헤아려 부드럽게 거절하고 싶다면 누구나 B를 고를 것이다. '안 된다'는 말부터 내뱉으면 상대는 나름 신경 쓴 제안인데 매몰차게 거절당했다고 느낀다. B처럼 말하면 "오늘은 선약……"까지 들은 순간 '아아, 안 되는구나' 하고 말을 꺼내기 전에 미리 예측할 수 있으므로, 막상 안 된다는 이야기를 들어도 거절당한 느낌이 반감된다. 업무 변경 사항을 알리는 예로 비교해 보자.

예시 ③ 정보 공유가 안 된 사안을 전달할 때

A "이번 제품 사양 말이에요, A-1형이 아니라 B-2형으로 바꿀 거예요. 고객이 어제 급하게 변경 요청을 했거든요."

B "고객이 어제 급하게 변경 요청을 해서 일이 번거로워졌어요. 제품 사양을 A-1형이 아니라 B-2형으로 바꿔 달라고 하네요."

'고객의 긴급 변경 요청'이라는 정보를 공유하고 나서 결론을 전달하면 앞의 2가지 예시와 마찬가지로 듣는 사람이 마음의 준비를 할 시간이 생긴다.

이렇듯 내용에 따라서는 둘러말하는 편이 더 나을 때도 있다. 상황에 맞게 이야기를 구성할 줄 아는 사람이 진정한 커뮤니케이션 고수다.

결론을 먼저 말하면
인정받는 이유

듣는 사람의 감정을 배려해야 하는 경우처럼 요점부터 제시하지 않는 게 나을 때도 있다. 하지만 일반적으로 알기 쉽고 신속한 비즈니스 커뮤니케이션을 위해서는 결론(P)을 바로 제시할 줄 알아야 한다. 그러면 업무에 필요한 다른 능력도 향상시킬 수 있다.

> **결론(P)을 처음에 제시하면 키울 수 있는 능력**
> ① 생각하면서 말할 수 있게 된다.
> ② 결단력이 생긴다.

생각하면서 말할 수 있게 된다

회사에서 일할 때 요구되는 능력 중 하나가 바로 '생각하면서 말하기' 기술이다. 정확성과 더불어 신속함이 요구되는 비즈니스 커뮤니케이션에서는 바로바로 답하는 것도 하나의 능력이다.

실제로 업무 현장에서는 즉각적인 답변 능력을 시험하는 상황을 자주 볼 수 있다. 신입사원의 면접이나 거래처 미팅, 중요한 내부 회의 자리에서는 물론, 회사에서 일상적인 대화를 나누다가도 고객이나 상사가 갑자기 생각지도 못한 질문을 던지는 일이 종종 있다.

일반적으로 상사는 거두절미하고 "그 일은 어떻게 되고 있죠?", "이 사안에 대해 어떻게 생각하세요?" 하고 묻는다. 상사가 "이 내용에 대해 10분 후에 질문할 테니 생각을 정리해 두세요" 하고 이야기하는 경우는 드물다.

이런 상황에서 빠르고 정확하게 대응하기 위해서는 생각하면서 말하는 기술을 익혀 두면 좋다. PREP 기법은 이 기술을 단련하는 방법으로도 쓸 수 있다.

다만 생각하면서 말하다 보면 보통은 "음, 그게 말이죠, 그러니까……" 하면서 이야기가 중간에 툭툭 끊긴다. 그러면 말하고자 하는 이야기의 핵심을 까먹거나 앞뒤 순서가 바뀌는 등 듣는 사람이 말하는 사람의 의도를 알아차리기가 어려워진다. 말하는 사람이 이야기할 '내용'과 '순서'를 동시에 생각해야 하기 때문이다.

PREP 기법을 익혀두면 일단 이야기의 '순서'에 관해서는 헤맬 필요가 없다. 처음부터 패턴이 정해져 있기 때문에 패턴에 '내용'만 집어넣으면 된다.

누군가 좋아하는 동물을 묻는 질문에는 어떻게 하면 좋을까? 특별히 좋아하는 동물은 없어도 대답은 해야 하는 상황이라면? 다음과 같이 생각하면서 답해 보자.

(그러고 보니 어제 TV에서 펭귄이 나오는 광고를 봤지.)

"좋아하는 동물은 펭귄입니다."

(일단 펭귄이라고 답했으니 그다음은 이유를 말하자.)

"왜냐하면 사실 어제 우연히 TV에서 봤는데 귀엽더라고요."

(귀여운 게 이유고, 그다음은 귀여움을 구체적으로 말해야 하는데, 펭귄의 귀여운 점은 뭘까?)

"펭귄은 다리가 짧아서 걷는 모습도 귀엽더군요."

(뭐, 이런 느낌이겠지. 여기서 마무리해 볼까.)

"그래서 펭귄이 좋습니다."

간단한 사례지만 이 과정을 보면 생각하면서 말하는 요령을 알 수 있다. 사고의 방향이 정해져 있다 보니 일단 떠오른 것을 내뱉어도 이야기가 깔끔하게 정돈된다.

P(결론) → R(이유) → E(근거) → P(요약)의 순서를 습득하면 업무 현장에서도 우물거리지 않고 대화를 이어 나갈 수 있다. 어떤 질문을 받더라도 즉시 대답하고 마무리까지 확실하게 해 두면 질문을 던진 사람에게 순발력 좋고 똑똑하다는 인상을 줄 수 있다.

결단력이 생긴다

직장인이라면 반드시 결단력을 갖추고 있어야 한다. 우유부단한 사람은 비즈니스를 성공시킬 수 없기 때문이다.

그렇다면 결단력의 존재를 무엇으로 알 수 있을까? 꼭 특별한 사건이 있어야 할까? 사실 일상에서 사람들의 말과 행동만 봐도 어느 정도 결단력이 있는지 알 수 있다.

예를 들어 동료들과 점심을 먹으러 간다고 하자. "어디로 갈까요? S 씨는 일식? 그것도 괜찮지만, 양식도 당기는데……" 하면서 갈팡질팡하는 사람보다 "저는 양식이요!" 하고 바로 말할 수 있는 사람이 결단력이 더 높다.

마찬가지로 미팅을 하던 중에 고객이 "이 상품의 장점은 뭐죠?"라고 물었는데 "그게, 상품의 장점이 여러 가지인데요. 유명한 디자이너가 디자인에 참여했고, 가격도 다른 회사보다 저렴하고……" 하며 요점을 확실히 잡지 않은 채 줄줄이 말을 늘어놓는 사람은 결단력이 있다고 할 수 없다. 고객의 마음을 사로잡을 수도 없음은 물론이다.

일 잘하는 사람은 다음과 같이 말한다. "먼저 고객님에게 가장 추천하고 싶은 부분은 디자인입니다!" '고객님에게 매력으로 강조할 것'을 결정하고 나면, 말하고자 하는 내용은 강조하고 다른 점은 일단 제쳐 둘 수 있다.

상대에게 전달하고 싶은 내용을 하나로 압축하는 것은 어려운 일이다. 때로는 예상할 수 없는 위험을 동반하기도 한다. 그러나 내용을 하나로 압축해 말할 수 있는 사람은 '똑부러진다', '이해하기 쉽게 말한다'라는 평가를 얻을 수 있다. 나아가 상대의 마음까지 확실히 사로잡는다.

PREP 기법에는 결단력이 필요하다. 처음에 요점을 하나만 선택하고 강조해서 말하는 것은 분명 어려운 일이다. 오히려 과장하는 게 아닐까 하는 우려도 들 수 있다. 하지만 반드시 그렇지는 않다. 결단력을 키운다 생각하고 요점을 골라내어 보자. 특히 본인이 우유부단한 성격에 결단력이 없는 편이라고 생각한다면 적극적으로 PREP 기법을 사용해 보자. 말이 달라지면 생각과 행동도 달라진다.

결론부터 말하기가
실패한 사례

상대와 대화를 나눌 때 초반에 말을 잘못 꺼내면 이야기가 엉뚱한 방향으로 흐른다. 잘못하면 감정적으로 이야기한다는 평을 듣거나, 말의 요점을 파악하지 못하고 의도했던 바와 다른 내용으로 상대가 받아들이기도 한다. 다음의 예를 살펴보고 개선한 내용과 비교해 보자.

 결론이 나지 않는 회의

"일단 먼저 말씀드리고 싶은 점은 여러분이 더 진지하게 회의에 임했으면

한다는 것입니다. 지난번 회의에서도 적극적으로 의견을 내지 않아 논의가 미뤄졌습니다. 지난번처럼 한다면 이번에도 결론이 나지 않을 수 있습니다. 그럼 업무 진행에 차질이 생기니 곤란합니다."

개선한 예시

"일단 먼저 말씀드리고 싶은 점은 이번에는 결론을 내자는 것입니다. 지난번 회의에서 여러분의 의견이 많이 나오지 않아서 논의가 미뤄졌습니다. 이번에도 결론이 나지 않으면 업무 진행에 차질이 생길 수 있습니다. 그런 일이 발생하지 않도록 여러분이 진지하게 회의에 임해 주시기를 부탁드립니다."

예시 1에서는 진행자로서 해야 할 말보다 개인의 부정적인 감정을 우선시했다. 이런 식으로 말하면 회의에 참석한 다른 사람들이 의견을 내지 않는 것을 비난하는 것처럼 보인다. 결론이 나지 않으면 곤란하다는 이야기도 마치 개인적인 불만처럼 들린다.

반면 개선한 예시에서는 진행자로서 '참가자가 무엇을 해야 하는가'를 회의 목적으로 분명하게 밝히고 있다. 그래서 객관적인 발언으로 받아들여진다.

`예시 ②` 고객에게 상품 추천하기

"제가 이 상품을 추천하는 이유는 이미 많은 고객이 만족한 상품이기 때문입니다. 출시한 이후로 1,000개 이상 팔렸고, 사용한 분들이 입을 모아 '도움이 됐다'고 말합니다. 이 상품은 특히 독서가 취미인 J 님이라면 매일 필수품처럼 애용할 만한 상품이라고 생각합니다."

`개선한 예시`

"제가 이 상품을 추천하는 이유는 J 님이 특히 애용할 만한 상품이라고 생각하기 때문입니다. 독서가 취미인 J 님이라면 매일 필수품처럼 사용하실 겁니다. 이미 출시한 이후로 1,000개 이상 팔렸고, 사용한 분들이 입을 모아 '도움이 됐다'고 말합니다."

예시 2에서는 이야기를 듣는 사람의 관심사는 고려하지 않은 채 자신이 강조하고 싶은 것부터 말해 버렸다. 고객이 어떤 이야기를 듣든 가장 관심 있는 것은 자기 자신이다. 추천받은 상품이 자신에게 도움이 되는지가 중요하다. 그래서 아무리 많이 팔리는 상품이라고 해도 자신에게 도움이 되지 않는다면 직원이 입에 침이 마르도록 설명해도 귀에 들어오지 않을 것이다.

이처럼 감정이 앞서거나 부적절한 판단을 내려 첫 번째 P를 잘못 꺼내면, 이야기의 구조가 뒤틀려서 나중에 다른 내용을 강조해도 듣는 사람이 말하는 사람의 의도와는 다르게 받아들일 수 있다. 대화를 이끌어 나갈 때는 나의 입장에서 말하기보다 상대에게 무엇이 필요한지 상대의 입장에 서 보는 것이 더 중요하다. 듣는 사람을 배려해 처음에 무슨 이야기를 꺼낼지를 항상 생각하고 말하는 자세가 필요하다.

4장　　이유(R)를 덧붙여 설명한다

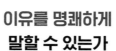

이유를 명쾌하게
말할 수 있는가

사람의 생각과 행동에는 반드시 이유가 있다. 그러나 그 이유를
모두 납득할 수 있는 것은 아니다. 이유라고 할 수 없는 이유로
행동하는 사람도 있다. '순간 짜증이 났다'는 이유만으로 다른
사람을 해치는 큰 범죄를 저지르는 흉흉한 소식도 뉴스를 통해
들린다. 이런 범죄는 극단적인 경우겠지만, 이 책을 읽는 당신도
논리적이지 않은 이유로 기분이 상할 때 아랫사람에게 분풀이
하거나 필요 이상으로 아이를 야단친 경험이 있을 것이다.

논리적이지 않은 이유로 행동하면 감정적이고 충동적이라는 소리를 듣기 쉽다. '무슨 생각을 하는지 알 수 없는 사람', '무슨 짓을 할지 모를 사람'처럼 낮은 평가를 받을 수도 있다. 남들이 이해할 수 없는 이유로 자신의 주장을 정당화하는 것은 굳이 따져 보지 않아도 비논리적인 행동이다.

우리는 어떤 상황에서든 다른 사람이 이해할 수 있게끔 이유를 제대로 설명하는 사람을 '논리적이다'라고 말한다. 즉 논리적인지 아닌지는 "왜 그런가?"라는 질문에 적절하게 대답할 수 있느냐에 달렸다.

우리가 이유를 알고 싶은 것은 인간으로서 지극히 자연스러운 욕구다. 평소에도 다양한 상황에서 '왜?', '어째서?', '무슨 이유로?' 그런 상황이 펼쳐졌는지, 혹은 행동의 이유에 대한 질문을 받는다. '왜?'에 어떻게 대답하는지에 따라 이야기의 성패가 갈린다.

PREP 기법은 전달하고 싶은 요점을 말하고 나서 바로 그 이유를 설명하는 구조다. 처음에 P(결론)를 말하는 것은 그리 어렵지 않다. 기본적으로는 내가 하고 싶은 말을 하면 되기 때문이다. 그러나 R(이유)에서 근거를 제대로 설명하지 못하면 상대가 받아들이지 못하는 비논리적인 이야기로 전락한다. 이번 장에서는 R을 어떻게 말하면 좋은지, R에는 어떤 종류가 있는지 살펴보도록 한다.

모든 '왜냐하면'을
열거한다

PREP 기법은 기본적으로 하나의 P(결론), 하나의 R(이유)로 이루어진다. 먼저 이 기본형을 바탕으로 '가장 효과적인 R'에 대해 생각해 보자.

단순한 이야기 구성으로 상대를 이해시키기 위해서는 말하는 사람이 제시한 R이 상대가 고개를 끄덕일 만한 내용이어야 한다. 그런데 우리는 보통 어떤 것(P: 결론)을 주장할 때 함께 제시하는 R을 일일이 검토하지 않는다. 특히 평상시에 나누는 가벼운 대화 중에 등장하는 R은 대부분 막연하거나, 때로는 너무 빤한 것 같아서 깊이 생각하지 않고 말한다.

예컨대 "이 일 도와줄 거지? 친구잖아", "올 여름 휴가는 산으로 갈 거야. 작년에는 바다를 갔으니까" 하는 식으로 말이다. 물론 이런 일상적인 대화에서는 논리성을 크게 따지지는 않으니 이대로 말해도 별문제가 없다. 다만 이런 식으로 깊이 생각하지 않는 대화에만 익숙해지면 중요한 상황에서도 적당히 이유를 둘러 대고 이야기를 끝내 버릴 수 있다.

예를 들어 고객에게 내가 기획한 상품의 매력을 강조하는 상황이라고 하자. 여기서 P(결론)는 당연히 '이 기획안을 채택해 주십시오'다. 그렇다면 고객이 기획안을 채택해야 하는 이유는 무엇일까? 평소에 이유를 깊이 따져 본 적 없는 사람이라면 "제가 정성을 기울인 기획안입니다. 저희 회사 부장님도 잘될 것 같다고 하시더라고요" 하고 비논리적인 매력을 강조할 것이다.

하지만 그런 식으로는 어떤 고객의 마음도 사로잡을 수 없다. 논리란 누구나 납득할 만한 내용으로 구성된 이야기로 진행될 때 성립한다. 개인적인 생각을 이유로 밀어붙이면 아무도 공감해 주지 않는다.

> 고객의 마음을 사로잡으려면
> ① 누구나 수긍할 수 있는 이야기의 진행이나 구성을 바탕으로 한 논리
>   가 필요하다.
> ② 혼자만의 생각을 이유로 밀어붙이면 안 된다.

어떻게 하면 고객을 설득할 만한 효과적인 이유를 제시할 수 있을까? 일단 떠오르는 이유(R)를 모두 열거하고 그중에서 괜찮아 보이는 것을 골라 보자. 기획안을 낸 당사자의 입장에서 최대한 R을 많이 찾아보는 것이다. 다음의 예를 살펴보자.

"이 기획안을 채택해 주십시오. 왜냐하면"

① 제가 밤새 생각해 낸 안이기 때문입니다.

② 사내에서도 평이 좋은 안이기 때문입니다.

③ 채택된다면 저에 대한 평가가 높아지기 때문입니다.

④ 완전히 새로운 디자인이기 때문입니다.

⑤ 귀사의 예산에 딱 맞는 안이기 때문입니다.

⑥ 귀사가 제시한 조건을 전부 맞출 수 있기 때문입니다.

⑦ 귀사에 가장 도움이 되는 것이기 때문입니다.

등등

위의 사례에서는 일단 7개의 R을 꼽아 보았다. 7개 모두 R이지만 ①~③은 고객에게 전할 말은 아니다. 자기중심적인 이유로는 상대를 설득할 수 없다. ④~⑦이라면 상대에게 매력을 강조할 수 있다. 객관적인 이유이기 때문에 뒤따라오는 E(근거)를 잘 풀면 정당성을 입증할 수 있다.

이 중 어느 것이 가장 효과적인가는 상대가 무엇을 바라느냐에 따라 다르다. 상대의 마음을 잡아끄는 문구로는 ⑦이 효과가 있을 듯하지만, 만약 고객이 예산을 중시한다면 ⑤, 새로움을 중시한다면 ④를 제시하는 것이 효과적이다.

PREP 기법을 이용해 논리적 말하기를 하고 싶다면 수많은 R(이유) 중에서 가장 적절한 R을 선택해야 한다. 달리 생각하면 R을 많이 찾아낼 수 있다는 것은 그만큼 이야기를 진행하는 데 여유가 있다는 뜻이다. 어떤 R을 선택하느냐에 따라 그 뒤에 이어지는 E(근거나 사례)를 선택하는 방식도 달라진다.

비유하자면 여러 장의 카드를 손에 쥐고 게임을 하는 것과 같다. 논리성을 높이려면 수많은 선택지 중에서 개인적인 감정이나 믿음에서 비롯된 이유는 제거하고, 누구나 납득할 만한 것을 선택해야 한다.

'왜?'가
사고력을 키운다

'왜?'라는 질문을 깊이 파고들면 사고력이 향상된다. 사고력은 체력과 비슷하다. 체력이 받쳐 줘야 장거리를 달릴 수 있는 것처럼 사고력이 뒷받침되어야 '왜지?', '다른 이유는 없을까?' 하고 꼬리에 꼬리를 무는 질문에 답을 할 수 있다.

체력이 부족하면 달리다가도 금방 멈출 수밖에 없는 것처럼 사고력이 부족하면 스스로 생각하는 것을 멈춰 버리기 쉽다. '아무려면 어때?' 하면서 깊게 고민하지 않거나 '다들 그렇게 말하잖아', '권위 있는 사람이 그렇게 말하니까' 하고 대충 생각하곤 다른 사람의 말에 기대게 된다.

실제로 모든 일을 깊게 파고들기란 매우 귀찮고 피곤하다. 하지만 끝까지 파고드는 사고법에 익숙해지면 누구라도 논리로 설득할 수 있다. 다른 사람을 설득하고 원하는 것을 얻고 싶다면 '왜냐하면'을 생각한 것에서 만족하지 말고, '왜냐하면'에서 뻗어 나갈 수 있는 다른 질문들까지 생각해야 한다.

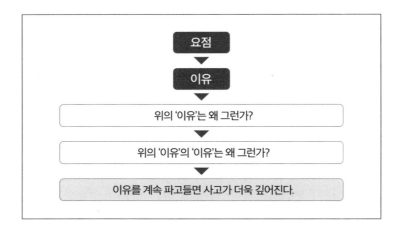

'왜냐하면'을 더 깊이 파고든 2가지 예시와 그에 따르는 질문을 살펴보자.

"이 기획안을 추천합니다. 왜냐하면 귀사에 가장 도움이 되기 때문입니다."

→ 그렇게 말할 수 있는 이유는?

→ 도움이 된다면 구체적으로 어떻게?

→ 다른 안으로는 도움을 줄 수 없는가?

→ 지금 안보다 더 도움이 되는 안은 없는가?

"무슨 일이 있어도 이직하고 싶다. 이 회사에서는 나의 능력을 발휘할 수 없으니까."

→ 그렇게 말할 수 있는 이유는?

→ 나의 능력이란 무엇인가?

→ 능력을 발휘한다는 것은 어떤 것인가?

→ 지금까지 나의 능력을 발휘하려고 노력했는가?

→ 노력을 했다면 구체적으로 어떤 방식으로 했는가?

→ 이직한다면 능력을 100퍼센트 발휘할 수 있는가?

이처럼 '왜냐하면'을 시작으로 계속 다른 것들을 질문해 가면서 관련된 생각을 계속 끄집어내 보자. 이런 사고 과정은 이유를 강화하는 데 큰 도움이 된다. 또한 구체적인 예를 떠올리기 쉽고, 이유의 근거를 탄탄하게 만드는 데도 좋다. 계속해서 이어지는 질문에 전부 답할 수 있어야 비로소 상대를 설득할 수 있다.

이유는
간결하고 구체적으로

지금까지 이유를 강화하는 방법에 대한 사고 과정을 살펴보았다. 사실 구체적인 설명을 덧붙여 이유를 강화하려면 E(근거) 부분이 중요하다. 앞서 이야기한 '왜냐하면'에서 파생된 다양한 질문에 대한 답을 하기 위해서, 그리고 설득의 재료로 필요한 단계도 바로 E 부분이다. 앞에서 살펴본(125쪽) 예시 2의 질문에 답을 한다면 다음과 같이 말할 수 있다.

"이번에는 꼭 이직하고 싶다. 이 회사에서는 내 능력을 발휘할 수 없기 때문이다. 나는 영어와 러시아어 2개 국어를 할 수 있는데, 입사하고 나서 해외 부서에 배치되지 못한 채 3년이 지나갔다. 게다가 부서 이동 요청도 받아들여지지 않고 있다. 이직하고 싶은 회사는 모스크바 지점에서 일할 수도 있다고 들었다. 그래서 이번 기회에 꼭 이직해서 내 능력을 발휘하고 싶다."

이유와 구체적인 설명은 밀접한 관계가 있다. R(이유)에서 E(근거)로 이동할 때의 포인트를 짚어 보자.

PREP 기법을 이용해서 이야기의 구조를 짤 때 가장 중요한 것이 있다. R(이유)은 최대한 간결하게 제시한 뒤, 이어지는 E(근거) 부분에서는 R을 구체적으로 설명해야 한다. '전체를 아우르는 이유 → 그 이유를 설명하는 개별 사례나 근거'의 순서로 이야기를 진행한다.

3명의 영업사원이 고객에게 건강 상품을 추천하는 예를 살펴보자.

A 사원

"이 상품은 여성의 건강을 종합적으로 관리해 줍니다. 여성의 고민은 무엇이든 해결할 수 있습니다."

→ 추천하는 이유가 추상적인데, 그 이유가 드러나는 구체적인 예가 없다.

B 사원

"이 상품은 여성의 거친 피부, 탈모, 빈혈 등 다양한 증상에 종합적으로 효과가 있습니다."

→ 사례가 구체적이긴 하지만, 효과가 너무 광범위하다는 인상을 준다.

C 사원

"이 상품은 여성의 건강을 종합적으로 관리해 줍니다. 예를 들어 거친 피부, 탈모, 빈혈 등 다양한 증상에 효과가 있습니다."

→ 종합적인 관리와 여성들이 흔히 고민하는 질병 증상의 구체적인 예를 덧붙여 설명하고 있다. 3명의 설명 중에서 가장 쉽게 효과를 떠올릴 수 있다.

논리적인 이야기로 상대를 설득하고 싶다면 이유는 간결하게 말하라. 그런 다음 그 이유를 뒷받침하는 근거는 구체적으로 말하는 게 핵심이다.

효과적으로
설명하는 순서

PREP 기법에서는 R에서 E로 이어질 때, '전체를 아우르는 이유 → 그 이유를 설명하는 개별 사례나 근거'의 순서로 이야기를 진행한다고 설명했다. 이 순서는 어떤 것을 알기 쉽게 설명할 때도 비슷하다.

길 안내를 떠올려 보자. 만일 당신이 전화로 "지금 방문하려고 하는데 역에서 어떻게 가면 되나요?"라고 물었다고 하자. 그때 전화를 받은 상대가 이렇게 설명한다.

"지금 북쪽 출구시죠? 그럼 그대로 쭉 3분 정도 걸어오세요. 그리고 두 번째 교 차로에서 오른쪽으로 꺾습니다. 다시 5분가량 곧장 걸어가면 막다른 길이 나오거든요. 거기에서 왼쪽으로 꺾어서 들어오면 저희 간판이 보일 거예요."

어떤가? 당신이 방문하려고 하는 곳이 머릿속에 그려지는가? 방향과 숫자 등이 뒤엉켜 몇 번을 더 묻게 될 것이다. 그렇다면 다음 설명을 들어보자.

"지금 북쪽 출구에 계시죠? 저희는 북쪽 출구에서 걸어서 10분 정도 걸립니다. 일단 그대로 곧장 3분가량 걸어오세요……(이하 동일)."

이번에는 어떤가? 이번 설명에서는 통화 초반에 '걸어서 10분'이라는 전체상을 전달했다. 그리고 그 뒤에 어떻게 진행되는지 자세하게 설명을 덧붙였다. 둘 중 어느 쪽이 더 친절한 설명일까? 당연히 두 번째 설명이다.

이야기의 앞부분에서 '10분 정도 걸으면 도착'이라는 설명을 듣고 나면 목표 지점까지 대략적인 거리감을 측정할 수 있다. 그리고 그다음 이어지는 구체적인 설명을 들으면 목표 지점까지 세세하게 지도를 그려 나가면서 길을 찾기가 쉬워진다. 이처럼 PREP 기법을 효과적으로 활용하려면 설명하는 순서부터 익혀 두는 것이 좋다.

이유가
적절하지 않은 사례

대화 도중 R(이유)의 위치가 적절하게 들어가지 않았거나, E(근거)가 빈약하면 애써 R을 말해도 이야기가 논리적으로 흘러가지 않는다.

예시 ①

"제가 지난번 이벤트 담당자로서 경험해 보고 말씀드리는 건데, 지난번 이벤트에서는 예산이 부족해서 아르바이트생을 충분히 채용하지 못했습니다. 이번에도 이 예산이라면 어려울 것 같습니다."

예시 1에서는 적절한 P(결론)를 제시하지 못하고 R(이유)을 먼저 이야기했다. 그래서 전달해야 할 내용의 핵심이 되어야 할 '예산이 부족하다'라는 의견이 마지막으로 밀렸다. 이러면 듣는 사람이 말하는 사람의 의도를 알아채기 어려워진다. 그뿐 아니라 '자기 입장만 내세우는 사람'이라는 부정적인 이미지까지 더해진다.

개선한 예시를 살펴보자. 주장을 먼저 내세우고 자신의 경험을 판단 자료로 들며, 전달하고자 하는 내용을 객관적으로 다루고 있다.

[개선한 예시]

"이 예산으로는 어려울 것 같습니다. 지난번 이벤트 경험으로 깨달았거든요. 제가 지난번 이벤트 담당이었는데, 예산 부족으로 아르바이트생을 충분히 채용하지 못했습니다."

[예시 ②]

"저는 A 씨가 아니라 B 씨를 채용하고 싶습니다. B 씨 같은 ㅇㅇ 지역 출신은 서울에서 자란 사람보다 끈기 있게 일하는 것 같습니다. 총무부장님과 영업부장님도 ㅇㅇ 출신입니다. 우리 회사에는 그런 사람이 제격입니다."

예시 2에서는 'OO 지역 출신은 끈기 있다'라는 편견을 바탕으로 주장을 펼치고 있다. 끈기 있는 성격을 가지고 있는지 아닌지는 지역이 아니라 사람에게 달렸다. 따라서 비논리적인 주장이다.

개선한 예시도 논점은 비슷하다. 하지만 듣는 사람이 공감할수 있는 사실을 이유로 제시했다는 점에서 다르다.

개선한 예시

"저는 A 씨가 아니라 B 씨를 채용하고 싶습니다. 이유는 우리 회사에 빨리 적응할 수 있을 것 같기 때문입니다. B 씨는 OO 지역 출신인데, 총무부장님과 영업부장님도 같은 지역 출신입니다. 직장에 같은 고향 사람이 있다면 아무래도 모르는 것들도 조금은 편하게 물어보기도 하면서 빨리 적응해 오래 일할 수 있지 않을까요?"

말하는 방식은 습관처럼 자신도 모르게 새어 나온다. 논리적으로 말하기 위해서는 자신의 편견이나 주장은 접어 두고 말해야 한다.

목소리의 톤이
논리에 힘을 더한다

상대에게 '논리적인 이야기'라는 느낌을 주려면 목소리도 중요
하다. 사람의 인상은 목소리에 따라 달라지기도 하기 때문이다.
예를 들어 "안녕하세요"라는 인사 한마디도 목소리의 톤이나 빠
르기, 억양을 바꾸면 전혀 다른 인상을 준다. '밝고 활기차게',
'불쾌한 것처럼', '장난치듯' 등등 연기 공부를 따로 하지 않아도
누구나 각양각색의 "안녕하세요"를 말할 수 있다.

목소리의 톤은 말의 내용과는 상관없이 상대에게 특정한 인상
을 준다. 논리적인 이야기를 할 때도 이 점을 의식한 후 이야기
하는 내용에 맞는 목소리를 내야 한다.

일반적으로 논리나 설득력이 필요한 진지한 이야기는 조금 낮

은 목소리 톤으로, 천천히 말할 때 더 신뢰감을 준다. TV 뉴스를 봐도 메인 아나운서는 남녀를 불문하고 저음의 톤으로 차분하게 말한다. 그에 반해 예능이나 스포츠 아나운서는 비교적 밝은 느낌의 경쾌하고 힘찬 목소리로 말하는 경우가 많다.

평소에는 밝고 경쾌하게 이야기하는 사람도 논리로 상대를 설득하는 상황에서는 의식적으로 차분하게 목소리를 내 보자. 반대로 평소에 낮은 톤으로 말하는 사람이라면 이야기를 할 때 자신이 상대에게 어떤 느낌을 줄지 생각해 보자. 지적인 느낌처럼 긍정적인 이미지를 줄 수도 있지만, 어둡고 자신감 없어 보이는 부정적인 이미지로 비칠 수도 있다.

자신감과 차분함이 느껴지는 목소리로 전하고자 하는 내용을 말할 때 논리적인 이야기의 효과는 배가된다. 때로는 자신의 목소리를 녹음해 들어 보거나, 주변 사람에게 물어보자. 자신의 또 다른 인상을 확인할 수 있다.

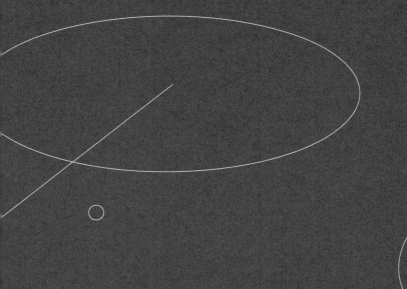

5장 사례나 데이터(E)로 근거를 제시한다

사람은 구체성에
설득된다

PREP 기법의 가장 큰 특징은 E(근거)에 있다. E에는 앞에 나온 R(이유)을 뒷받침할 구체적인 예, 수치 등의 데이터나 사실 등의 내용이 담겨야 한다. R(이유)을 E(근거)로 자세히 풀어내면서 P(결론)가 옳다는 것을 증명하는 것이다.

E의 논리가 탄탄하면 사람들은 객관적이고 신뢰할 만한 이야기라고 믿는다. 반대로 이 부분에 모호하고 부정확한 내용, 혹은 상대가 받아들이기 힘든 내용이 담겨 있으면 P(결론)와 R(이유)의 신뢰도가 하락한다.

그런데 우리는 평상시 대화를 나눌 때 E 부분을 자꾸 잊곤 한다. 왜냐하면 "나는 ~라고 생각해", "왜?", "~니까"와 같이 한 명은 주장하고 다른 한 명은 이유를 묻곤 하지만, "구체적인 예를 들자면?"처럼 내용을 콕 집어 깊이 있게 파고들면서 말하는 경우는 거의 없기 때문이다.

PREP 기법에는 이렇게 소홀하기 쉬운 E(근거) 부분이 이미 구성에 포함되어 있다. PREP 기법의 이런 특성을 잘 활용하면 자신의 주장을 더욱 강력하게 만들어 어떤 상대도 설득할 수 있는 논리를 완성할 수 있다. E는 상대를 반드시 설득해야 하는 상황에서 탁월한 효과를 발휘한다. 지금부터는 E를 활용해 설득력을 높이는 방법에 대해 중점적으로 살펴보도록 한다.

"새로 나온 게임 CD 사 줘! 내 친구들은 다 갖고 있단 말이야!"

주변에서 흔히 볼 수 있는 떼쓰는 아이의 말이다. 이 아이의 주장에는 P(결론)와 R(이유)은 있지만, 근거가 없다. 아이에게 무른 부모라면 이 말만 듣고도 게임 CD를 사 줄 수 있다. 반면 엄격한 부모라면 딱 잘라서 안 된다고 하며, 이렇게 물을 것이다.

"네 친구들 누구?"

부모의 이 말은 '내 친구들은 다 갖고 있다'라는 구체적이지 않은 이유를 꺼낸 아이에게 더 상세하게 설명하라고 요구하는 질문이다. 이때 아이가 우물쭈물하며 제대로 대답하지 못한다면 게임 CD를 가질 확률은 줄어든다. 그런데 아이가 "우리 반 30명 중에 20명 넘게 갖고 있어"라고 대답한다면? 부모도 한번 더 고민해 보게 되고, 아이에게 게임 CD를 사줄 수도 있다.

원하는 것을 얻으려면 이유에 근거를 댈 수 있어야 한다. 어른이든 아이든 누구나 마찬가지다. 근거 없는 주장으로는 상대를 설득하기 힘들다. PREP 기법이 논리적이라고 말하는 이유도 여기에 있다. PREP 기법은 주관적인 내용이 아니라 누구나 똑같이 확인할 수 있는 사실이나 데이터를 근거로 제시해 논리성을 확보한다.

이번에는 영업 현장에서 흔히 일어나는 상황을 예로 들어 보자. 영업 직원이 특정 상품을 추천하는 상황이다.

"이 상품을 추천합니다. 아주 저렴하고 편리하거든요."

고객은 이 말만 듣고는 상품을 선뜻 구매하지 못한다. '정말 저렴한가? 뭐가 편리하다는 거지?' 하는 의심이 들기 때문이다. 의심이 말끔히 해소되지 않으면, 영업 직원이 권하는 '저렴함'과 '편리함'이 온전히 와 닿지 않는다. 영업 직원이 주장한 것을 구체적으로 설명해 주지 않는다면, 그저 '팔아먹으려고 아무 말이나 하는군' 하고 추측할 것이다. 그래서 영업하는 사람이라면 누구나 설득력을 최고로 발휘하기 위해 근거를 제시하는 일에 공을 들인다.

포인트는 다음 3가지다.

① 숫자	'객관성'이라는 점에서 가장 설득력 있는 것은 '숫자'다. 각종 데이터나 조사에 나오는 숫자는 이야기의 신뢰도를 높이는 데 효과적이다.
② 사실	'이런 일이 있었다', '이런 사람이 있다'와 같은 '사실' 전달도 설득력을 높인다. 숫자만 있는 경우와 달리 듣는 사람이 더 친밀하게 느낀다는 점에서도 효과가 높다.
③ 상상력	듣는 사람의 상상력을 자극하는 것도 설득에 힘을 발휘한다. 데이터나 사실에 의한 객관적인 설명을 보완하고, 듣는 이의 마음을 움직일 수 있는 전달 기술로 기억해 두자.

숫자를
구체적으로 제시하라

상대에게 전달하고자 하는 이야기 중에 숫자로 표현할 수 있는 내용이 있다면 활용하는 것이 좋다. 설득력을 올릴 수 있기 때문이다. 앞의 영업 직원의 예에서 고객에게 매력을 강조할 수 있는 숫자를 찾아보자.

① 가격

해당 제품의 가격은 물론 경쟁사 제품과 비교한 가격을 강조한다.

"이 제품은 13만 5,000원으로 타사 제품보다 20퍼센트 저렴합니다."

② 사양, 규격

크기, 무게, 폭, 길이 등 규격에 관한 것을 강조한다. 제품에 따라서는 소비 전력, 제품의 연식을 들 수 있고, 경쟁사 제품과 비교할 수도 있다.

"무게는 1,200그램으로, 기존 제품 대비 500그램 경량화에 성공했습니다."

"에너지 절약형으로 전기요금도 한 달에 1,000원 수준입니다."

③ 매출량, 점유율

많이 판매되고, 널리 보급된 제품일수록 신뢰를 얻을 수 있다.

"작년 출시 이후 이미 1,000개가 넘는 회사에서 채택했습니다."

"저희 제품은 점유율 35퍼센트로 세계 1위입니다."

④ 그 외 데이터

조사 데이터나 설문조사 결과 등도 활용할 수 있다.

"당사 조사 결과, 구매 고객의 7퍼센트가 매우 만족, 83퍼센트가 만족이라고 답했습니다."

"이 제품은 경제단체 디자인 대회에서 3위에 오른 작품입니다."

숫자는 우리가 흔히 접하는 팸플릿이나 광고에도 많이 적용된다. 숫자를 잘 활용하면 고객의 구매 욕구를 불러일으킬 수 있다는 점을 명심하자.

숫자는
설득력을 높인다

앞서 이야기한 사례 외에도 다양한 상황에서 숫자를 사용해 설득력을 더 높일 수 있다. 사람들에게 자신의 어학 능력을 강조하고 싶은 경우를 예로 들어 보자.

A "저는 대학교에서 영어를 전공했습니다."
B "저는 대학교에서 4년간 영어를 전공했습니다."

A "각종 시험에서도 좋은 성적을 받았습니다."
B "토익은 850점, 무역영어 1급 자격증도 취득했습니다."

A "해외 유학 경험도 있고, 영어권 국가로 여행도 여러 번 다녀왔습니다."

B "1년간 해외 유학 경험이 있고, 영어권 국가 3곳에 총 5번 여행을 다녀왔습니다."

A, B 둘 다 상대에게 전달하고자 하는 이야기의 내용은 같다. 당신이 면접관이라면 누구를 뽑겠는가? 숫자를 포함한 내용을 말한 사람이 더 설득력 있다는 것에 누구나 동의할 것이다. 듣는 사람이 숫자를 기준으로 삼아 이야기를 구체적이고 명확하게 이해할 수 있기 때문이다.

숫자를 넣어 말해도 구체적으로 내용이 와 닿지 않을 때도 있다. 수의 단위가 너무 크거나 숫자만으로는 이미지를 떠올리기 어려운 경우다. 그럴 때는 숫자를 한 번 더 다듬어 보자. 다음의 예를 살펴보자.

① 듣는 사람이 이해하기 쉽게 구체적인 숫자로 바꾼다

예시

"이 제품은 기존 제품보다 10퍼센트 가벼워졌습니다. 덕분에 모니터링 조사에서도 사용자의 70퍼센트가 편리해졌다고 응답했습니다."

"이 제품은 기존에 약 1킬로그램이었던 것을 900그램으로 줄였습니다. 모니 터링 조사에 따르면 150명 중 110명이 사용하기 편리해졌다고 답했습니다."

A나 B나 내용은 같지만, B가 더 구체적으로 말했다. B의 말에는 일상에서 느낄 수 있는 감각이 덧붙여져 듣는 사람의 이해도를 높인다.

② 크기를 떠올리기 쉽게 비유를 사용한다

"재작년 이 제품의 원재료 총 생산량은 약 5,115만 톤입니다."

"재작년 이 제품의 원재료 총 생산량은 약 5,115만 톤입니다. 잠실구장의 138배 크기에 해당하는 양이에요."

실질적으로 잘 와 닿지 않는 큰 숫자를 다른 숫자에 비유해 듣 는 사람의 이해를 도왔다.

③ 익숙한 표현으로 이해를 돕는다

예시

"개의 평균 수명은 12세 정도인데, 이 개는 지금 3세입니다."

개선한 예시

"이 개는 지금 3세로, 사람 나이로 치면 24~25세 정도에 해당합니다."

단순히 개의 수명만 제시했을 때는 A가 말하는 개가 어느 정도 나이가 들었는지 바로 와 닿지 않았다. 하지만 B와 같이 개의 수명을 익숙한 사람의 나이로 바꿔 알려 주면 좀 더 쉽게 체감할 수 있다.

이처럼 같은 숫자라도 표현 방식에 따라 이해도가 달라진다. 쉽게 비유하거나 설명할수록 상대가 더 빨리 이해하게 될 것이다.

사실을
전달하라

'실제로 있었던 이야기'는 설득력이 남다르다. 여기저기 넘치는 광고에서도 유명 연예인이 등장해 직접 사용자 후기나 경험담을 소개하는 형식을 취하는 경우를 종종 볼 수 있다.

"저도 사용하고 있어요."

"제 주위 사람 중에 이걸 쓰고 안 좋다고 말하는 사람이 없어요."

이런 내용을 담은 말은 다른 사람들이 실제로 사용하고 있고 효과를 봤다는 사실을 직접적으로 제시한다. 이런 말은 듣는 이의 관심을 불러일으키고 제품이나 이야기의 신뢰도를 높인다.

PREP 기법에서 E(근거)는 이런 사실을 전달하기에 알맞다. 숫자나 데이터를 명확히 제시하기 어렵거나 이야기를 더 실감 나게 전달하고 싶다면 '사실'을 적극적으로 소개해 보자. 여기서 말하는 사실은 경험담(본인의 경험), 전해들은 이야기(타인의 경험), 정보 지식(신문 등을 통한 타인의 경험) 등 크게 3가지로 나눌 수 있다. 다음과 같은 문구를 활용해 보자.

① 경험담 - 본인의 경험

말하는 사람의 경험담이라면 듣는 사람도 의심 없이 받아들인다. 말하는 사람도 자신이 경험한 내용인 만큼 자세하고 생생하게 이야기할 수 있으니 설득력이 배가된다.

"저도 사용하고 있는데, 효과가 확실히 있으니까 가족들도 전부 애용하고 있어요."

② 전해들은 이야기 - 타인의 경험

다른 사람의 사례를 전달하는 것도 설득력을 높이는 효과가 있다. 이때 가능한 듣는 사람과 공통점이 있는 이의 사례를 고르는 것이 좋다. 성별이나 나이, 생활 습관이 비슷한 사람이 말한 내용이라면 더 친숙하게 받아들일 수 있다.

"얼마 전에도 어떤 분이 이 제품을 사용하고는 업무 진행 속도가 빨라졌다고 하더라고요."

③ 정보 지식 - 신문 등을 통한 타인의 경험

신문이나 TV에 나온 이야기라고 말하면 신뢰할 수 있는 사실로 느끼게 하는 효과가 있다. 단 이 경우에는 '언제, 무슨 신문이나 방송에서'와 같이 구체적으로 전달하는 것이 중요하다. "언제였는지는 까먹었는데, 분명히 신문에……"처럼 흐릿한 기억에 의존한 이야기는 효과가 없다.

"지난달에 ○○신문에서 이런 기사를 봤어요."

지원 동기는
사실을 토대로 말한다

어느 날 지하철에서 우연히 여고생 둘의 대화를 들었다. 두 사람은 간호대학 시험 면접을 앞두고 있었는데, 다음과 같은 대화를 나누고 있었다.

"면접 보면 지원 동기를 묻잖아. 왜 간호대학에 들어오려고 하냐고. 그렇게 물으면 뭐라고 해야 할지 모르겠어."

"맞아. 간호사가 되려고 지원한 거지, 다른 이유가 있나 뭐."

두 사람 모두 지원 동기를 어떻게 말해야 할지 몰라 난감한 모양이었다. 이처럼 '왜 그 일을 하고 싶은지' 물으면 어른도 막막해질 때가 있다. 사회인도 이직 등의 면접 자리에서 지원 동기에 답하지 못해 머뭇거리는 사람이 적지 않다.

다시 고등학생 둘의 이야기로 돌아오자. 이들은 어떻게 답해야 면접시험을 무사히 통과할 수 있을까? 이런 답변은 어떤지 살펴보자.

"저는 간호사가 되고 싶습니다. 왜냐하면 다른 사람을 도와주는 일이기 때문입니다."

이런 설명만으로는 설득력이 없다. 다른 사람을 돕는 일이라면 간호사 말고도 많다. 따라서 간호사가 되고 싶은 이유가 될 수 없다. 조금 더 다듬은 결과를 살펴보자.

"저는 간호사가 되고 싶습니다. 간호사는 아픈 사람을 도와줄 수 있어서 사회에 보탬이 되는 보람 있는 일이라고 생각하기 때문입니다."

앞의 답변보다는 구체적이지만 아직 막연한 느낌이 있다. 이 대답만으로는 간호사가 되고 싶다는 강한 의지가 느껴지지 않는다. 이제 사실을 추가한 답변을 생각해 보자. 이렇게 답하는 수험생이 있다면 어떨까?

"실은 제가 중학교를 다닐 무렵 어머니가 편찮으셔서 입원하셨습니다. 그때 간호사 분들이 정말 친절하게 대해 주셨어요. 프로페셔널하면서도 멋지게 일을 해내는 그분들을 보면서 저도 간호사가 되고 싶다고 생각했습니다."

이건 개인의 경험을 담은 답변이다. 전해들은 이야기의 방식으로도 예를 들어 보자.

"친척 중에 간호사가 계셔서 진로를 고민하던 차에 상담을 받았습니다. 밤 근무도 있고 체력적으로 힘든 일이기는 하지만, 전문지식과 기술을 익혀 당당하게 할 수 있는 일이라는 말씀에 저도 하고 싶다는 마음이 들었습니다."

본인의 경험이나 지인이 없다면 정보 지식을 활용할 수도 있다.

"예전에 의료 관계자의 고령자 간호를 다룬 특집 프로그램을 본 적이 있습니다. 그 프로그램에 여성 간호사가 중책을 맡아 책임감 있게 업무를 처리하는 모습이 나왔습니다. 예전부터 사회에 보탬이 되는 일을 책임감 있게 해내고 싶었는데, 이 일이 저에게 딱 맞는 일이라는 생각이 들었습니다."

3가지 방식으로 사실을 전달하는 답변을 살펴보았다. 3가지 방식은 모두 '다른 사람에게 도움이 되는 일이라서'라는 단순한 이유에서 그치지 않고 면접관의 마음을 움직이는 이야기로 탈바꿈되었다. 이런 구체적인 답변이라면 면접에서도 좋은 결과를 얻을 수 있을 것이다.

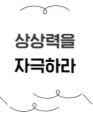

상상력을
자극하라

상상력 또한 이야기를 구체적으로 만든다. 숫자나 사실 항목에서 봤던 것처럼 고객에게 상품을 권하는 영업 직원의 예를 들어 내용을 살펴보자.

"이 제품은 정가 13만 5,000원인데 평소보다 20퍼센트 할인된 금액입니다. 무게는 900그램이며 기존 제품보다 가볍습니다." (숫자)

"저도 집에서 사용하고 있는데 아주 편리합니다. 잡지 신제품 소개란에도 실렸는데 사용 후기가 좋다는 내용으로 가득합니다." (사실)

이런 설명만으로도 고객의 마음이 움직일 수 있다. 하지만 1퍼센트 부족하다. 고객이 체감할 수 있는 내용이 빠져 있기 때문이다.

지금 설명한 내용은 고객 입장에서 보면 단순한 정보다. 남의 일이란 뜻이다. '내가 사용한다면 어떨까?'를 상상하게 만드는 요소가 하나도 없다. 상대를 설득하려면 이야기를 '들려주는' 데서 그치지 않고 이야기에 '참여하게' 만들어야 한다. 이럴 때 말하는 방식만 바꿔도 설득력이 달라진다.

- 단순 정보만 제시한 예

"기존 제품은 무게가 1킬로그램이었는데, 이 제품은 100그램 더 가볍습니다."

- 상상력을 자극한 예

"기존 제품은 무게가 1킬로그램이었는데, 이 제품은 100그램 더 가볍습니다. 100그램은 비누 한 개 무게인데, 비누 한 개라도 손바닥에 올리면 무게감이 느껴지죠. 그만큼 가벼워진 셈입니다."

상상력을 자극한 예에서는 비누를 손바닥에 올리는 행동과 그때 느껴지는 감촉을 고객이 머릿속에서 시뮬레이션해 볼 수 있게 유도한다. 이렇게 하면 고객은 실제로 비누를 들고 있지 않아도 마치 100그램을 직접 느낀 것처럼 생각할 수 있다. 또 100그램이라는 실감나지 않는 숫자를 비누라는 눈에 보이는 사물로 구체적으로 떠올릴 수 있다면 설명에 고개를 끄덕일 것이다.

다른 예를 더 살펴보자.

- 단순 정보만 제시한 예

"저도 집에서 사용하고 있습니다. 거실에 두고 사용하고 있는데 아주 편리하더라고요."

- 상상력을 자극한 예

"저는 거실에 두고 사용하고 있는데, 만일 고객님이 사용한다면 어디에 두실 건가요? 자제분 방일까요? 침실에 두는 분도 계신데 거기에 두면 어떨까요?"

'만일 사용한다면'이라는 질문을 통해 고객이 제품을 사용하는 장면을 상상하게 했다. 이렇게 본인이 사용하는 장면을 머릿속에 그리게 만들면 자연스럽게 실제로 사용하고픈 마음이 들게 할 수 있다.

말 잘하는 사람의 이야기를 들으면 '눈앞에 펼쳐진 것처럼 생생하다'라는 느낌을 받기도 한다. 이렇게 상대의 상상력을 자극하는 말하기 방식은 이른바 논리적인 말하기와는 조금 다르다. 오류나 오해가 없도록 객관적이고 조리 있게 이야기를 이끌기보다는 상대의 상상력과 감정이라는 주관적인 것을 활용해 이야기를 풍성하게 만들기 때문이다.

커뮤니케이션의 효과를 높이겠다는 목적에서 보면 이런 방식을 비논리적이라는 이유로 배제하기에는 아깝다. 논리적인 틀 안에서 말하는 사람과 듣는 사람의 인간적인 교감이 있을 때 대화는 더 효과적으로 진행된다. 특히 설득은 상대의 마음을 움직이기 위한 커뮤니케이션이다. 논리적이지 않더라도 다양한 표현을 준비해 두면 상대를 설득하는 데 도움이 된다.

비유는 어려운 이야기를
알기 쉽게 만든다

특히 어려운 이야기를 할 때 비유는 큰 도움이 된다. 비유는 이미 우리 일상에 깊숙이 들어와 있다. 성경에도 "부자가 천국에 들어가기란 낙타가 바늘귀를 통과하는 것보다 어렵다"라는 비유가 나온다. '매우 어렵다, 불가능에 가깝다'라는 내용의 핵심을 풍부한 이미지로 과장되게 강조한 것이다.

어떤 내용을 실감 나게 이해시키려면 듣는 사람의 머릿속에 이미지가 떠오르게 해야 한다. "불가능할 정도로 어렵다"라고 하면 문자 그대로만 이해해서 '그렇게 어려운가?' 하고 갸우뚱하고 말지만, "낙타가 바늘귀를 통과하는 것보다 어렵다"라고 말하면 올려다볼 만큼 커다란 낙타와 거의 보이지도 않는 바늘귀를 떠올리고는 말의 뜻을 바로 이해한다.

말을 잘하는 사람은 듣는 이의 머릿속에 이미지를 떠오르게 한다. 수많은 숫자가 포함된 데이터처럼 담담하게 말하면 밋밋해질 법한 이야기여도 듣는 사람의 머릿속에 이미지를 떠올릴 수 있게 생동감 넘치고 알기 쉽게 설명할 수 있다. 정확한 데이터를 내밀어도 상대가 잘 모르겠다고 말한다면 아무 소용이 없다. 가전제품 매장에서 컴퓨터를 구매하려고 하는 고객과 직원이 나누는 대화의 예를 살펴보자.

직원 "고객님, 이 기종을 추천합니다. 표준 메모리로 256메가가 탑재되어 있고요. 하드디스크는 130기가입니다."

고객 "그게 어느 정도 수준을 말하는 거죠?"

직원 "메모리라는 건 컴퓨터 데스크톱에서 작업할 때의 수용도를 나타냅니다. 하드디스크란 컴퓨터가 저장할 수 있는 데이터의 크기를 말하고요."

컴퓨터 관련 지식이 없는 고객이라면 직원이 아무리 자세히 설명해도 무슨 말인지 하나도 알아듣지 못할 것이다. 그렇다면 그 설명은 정확할지언정 효과적이라고는 할 수 없다. 이 직원이 만약 비유를 들어 다음과 같이 설명했다면 어떨까?

직원 "컴퓨터를 책상에 비유하면 메모리는 작업할 책상의 크기예요. 그리고 하드디스크는 서랍의 개수나 크기가 어느 정도인지를 나타내죠."

이렇게 말하면 고객은 '그럼 책상이 크고 서랍도 많은 게 편리하겠군' 하고 짐작할 수 있다.

어려운 전문지식도 누구나 쉽게 이해할 수 있는 주변의 사물을 빗대어 설명하면 해당 분야를 잘 모르는 사람도 효과적으로 이해시킬 수 있다. 다만 비유는 제대로 이해하고 있지 않으면 시도할 수 없는 설명 방식이다. 즉 '적절한 비유를 들 수 있는가'는 말하는 사람이 그 주제에 대해 정확하게 이해하고 있는지를 알 수 있는 잣대가 되기도 한다.

상대를 설득하는
3가지 요소

E(근거) 부분에 포함되는 내용을 숫자, 사실, 상상력의 3가지로 나눠 설명했다. 이제 이 3가지를 활용해 직장 내에서 부하직원이 적극적으로 나서게 만드는 설득법을 구상해 보려고 한다.

다른 사람을 설득하는 일은 어렵다. 어떤 말을 했을 때 듣는 사람이 "그렇지!"라고 맞장구치게 하는 것도 쉽지 않은데, 설득은 한발 더 나아가 '그럼 그렇게 해야겠다!'라고 결심하게 해야 하기 때문이다. 즉 머리로 이해하는 것은 물론 행동으로 옮기게끔 만들어야 설득에 성공했다고 할 수 있다. 정말 어려운 일이다.

상대를 설득하려면 역시 E 부분을 중요하게 봐야 한다. 먼저 예를 하나 살펴보자. 상사가 부하직원인 G 씨에게 새로운 일을 맡기려고 하는데, 부하직원이 소극적으로 나오는 상황이다.

상사 "이번에는 G 씨가 기획회의 프레젠테이션을 맡아 줬으면 좋겠는데, 괜찮죠?"

G 씨 "네?! 못 할 것 같습니다. 저는 경험도 없고 소질도 없는데……."

상사 "무슨 소리예요! G 씨는 벌써 입사 3년 차잖아요. 이제 갓 들어온 신입도 아닌데 그렇게 소극적이어서 어떻게 합니까!"

G 씨 "아니, 그렇긴 한데……."

어느 회사에서나 있을 법한 상황이다. 여기서 상사는 부하직원을 소극적이라고 단정 지었는데, 사실 부하직원의 입장에서 보면 갑자기 중대한 역할을 밀어붙이는데 바로 "알겠습니다!" 하기도 어렵다. 어떻게 해야 부하직원의 마음을 움직여 행동하게 만들 수 있을까?

상대에게 일을 맡기려고 할 때 사람들은 대부분 '왜 당신이 그 일을 해야 하는지', 즉 R(이유)을 설명한다. 앞의 예에서도 상사는 '입사 3년 차'를 이유로 상대가 프레젠테이션을 담당해야 한다고 주장한다. 이유로 보면 너무 단순한 듯하지만, 그 외의 다른 이유를 찾으려고 해도 쉽지 않다. "이 업무의 담당자니까", "젊은 사람이 해야 할 일이니까" 혹은 "약점을 극복하는 차원에서 한번 해 봐라" 이런 말이 전부다.

그런데 R만으로 사람을 움직이기는 굉장히 어렵다. 이유만으로 설득하려고 하면 진정한 공감을 끌어내지 못한다. 예컨대 사소한 일이라도 "순서가 됐으니까", "제비뽑기를 했으니까", "누구나 해야 할 일이니까"라는 이유로 맡기면, 일단 맡기는 하지만 '어쩔 수 없지'라는 마음만 들 것이다. "당신이 적임자니까", "능력이 있으니까"처럼 상대를 추켜세우는 이유를 대도 '말은 감사하지만' 하며 망설여지는 마음은 어쩔 수 없는 때도 있다.

이보다 적극적으로 '그래, 어려운 일은 아니지', '나한테도 도움이 되는 일이니까'라는 마음이 들게 하려면 이유만 말해서는 부족하다. 그러니 E(근거)를 포함해서 할 말을 준비하자. 앞서 소개한 숫자, 사실, 상상력을 더 자세히 살펴보자.

• 숫자를 제시한 예

"이번에는 G 씨가 기획회의 프레젠테이션을 맡아 줬으면 해요. G 씨도 이제 3년 차니까 그 정도 역할은 경험해 보는 것도 좋을 거예요. 프레젠테이션이라고 해도 발언 시간은 15분 정도니까 그렇게 길지는 않고요. 또 기획회의 때 총 3명이 발표할 예정인데, 다른 2명도 입사 3년 차와 4년 차 사원입니다. 회의까지 2주 남았으니 준비할 시간도 충분할 겁니다."

• 사실을 전달한 예

"이번에는 G 씨가 기획회의 프레젠테이션을 맡아 줬으면 해요. G 씨도 이제 3년 차니까 그 정도 역할은 경험해 보는 것도 좋을 거예요. 프레젠테이션은 저도 신입 때 해 본 적이 있는데, 배운 게 많습니다. 저 역시 발표에는 소질이 없어서 맡았을 때는 힘들었지만, 그 덕분에 배짱이 생겨서 이제는 울렁증도 없어졌어요."

• 상상력을 자극한 예

"이번에는 G 씨가 기획회의 프레젠테이션을 맡아 줬으면 해요. G 씨도 이제 3년 차니까 그 정도 역할은 경험해 보는 것도 좋을 거예요. 아직은 괜찮겠지만, 5년 차 정도 되면 진급하면서 많은 사람 앞에서 발표할 기회가 늘어날 거예요. 그때 프레젠테이션을 해 본 적이 없다고 말하면 책임자로서 상당히 곤란해질 거예요. 앞으로를 대비해 지금부터 시도해 봅시다."

3가지 예시에서 G 씨가 전부 "그렇군요!" 하고 받아들일지는 모르겠지만, 적어도 '역시 그런가?' 하고 긍정적으로 고민해 볼 수 있는 계기는 될 것이다. E(근거) 부분에는 이처럼 다양한 설득 요소를 포함할 수 있다.

그렇다면 담배를 끊으라고 설득하는 상황에서 PREP 기법을 사용해 보자. 여기서는 R(이유)을 '건강에 해롭다'로 잡았다. 건강에 해롭다는 이유를 보강해 설득하기 위한 E를 생각해 보자.

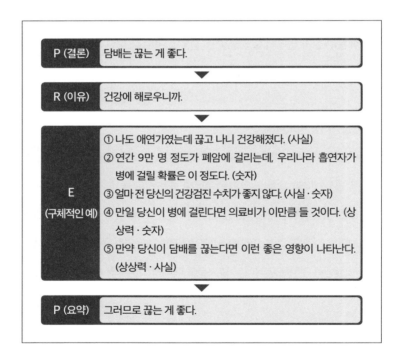

P (결론)   담배는 끊는 게 좋다.

R (이유)   건강에 해로우니까.

E
(구체적인 예)
① 나도 애연가였는데 끊고 나니 건강해졌다. (사실)
② 연간 9만 명 정도가 폐암에 걸리는데, 우리나라 흡연자가 병에 걸릴 확률은 이 정도다. (숫자)
③ 얼마 전 당신의 건강검진 수치가 좋지 않다. (사실·숫자)
④ 만일 당신이 병에 걸린다면 의료비가 이만큼 들 것이다. (상상력·숫자)
⑤ 만약 당신이 담배를 끊는다면 이런 좋은 영향이 나타난다. (상상력·사실)

P (요약)   그러므로 끊는 게 좋다.

이외에도 더 다양한 E를 생각해 보자. 이렇게 찾아낸 수많은 E 중에서 듣는 사람의 마음을 가장 크게 흔드는 것은 무엇일까? 그 답은 이야기를 듣는 상대가 어떤 유형이냐에 따라 달라진다.

다수의 선택지 중에서 가장 논리적인 것만 고르지 말고 상대에게 가장 효과적으로 작용할 수 있는 방법을 골라내야 한다. 그것이 설득의 고수가 되는 비결이다. 이때 사례나 데이터를 최대한 많이 찾아내면 주장하고자 하는 P(결론)의 정확성, 정당성을 더 많이 확보하게 되고 사고의 폭도 넓어진다.

한 번 더 다양한 E를 연습해 보자. 이번에는 '사과를 먹으면 몸에 좋다'고 상대를 설득하려고 한다. 설득할 대상은 중장년층 남성, 젊은 여성, 육아 중인 어머니 세 사람이다.

대상의 나이나 성별, 생활환경이 다르면 수긍하는 포인트도 달라지므로 E(근거)를 상대에 따라 임기응변으로 찾아야 할 때도 있다. 대상에 맞게 E를 바꿔 보자.

| P (결론) | 사과를 먹읍시다. |

▼

| R (이유) | 왜냐하면 몸에 좋기 때문입니다. |

▼

| E
(구체적인 예) | • **중장년 남성에게**
사과에는 콜레스테롤 수치를 낮춰주는 작용을 하는 성분이
있어서 동맥경화나 당뇨병도 예방할 수 있습니다.
• **젊은 여성에게**
사과에는 비타민 등 피부 미용에 좋은 성분이 포함되어 있
고, 빈혈을 예방하는 데도 도움이 됩니다.
• **어린 아이를 키우고 있는 어머니에게**
사과는 포만감을 주기 때문에 스트레스로 인한 과식 예방에
좋습니다. 또 아이에게 갈아서 먹이면 위장이 튼튼해집니다. |

▼

| P (요약) | 그러므로 사과 섭취를 추천합니다. |

근거 제시는
화제 전환의 기회가 된다

PREP 기법은 기승전결과 구성이 비슷하다. E는 P(결론)와 R(이유) 다음에 오는 세 번째 부분으로, 기승전결의 '전轉'에 해당한다. '전'은 지금까지의 이야기 흐름과는 얼핏 관련이 없어 보이는 것을 제시하는 부분, 즉 화제 전환을 뜻한다.

PREP 기법의 E는 기본적으로 선행하는 R의 내용을 뒷받침하는 것이므로, 화제를 바꾸는 '전'에 딱 들어맞지는 않는다. 단 주제에 따라서는 E 부분에서 화제를 전환하면 듣는 사람의 주의를 끌거나 대화의 내용을 더 풍부하게 만들어 줄 수 있다.

예를 들면 다음과 같다. 어느 그룹의 첫 만남 장소에서 살짝 변주를 시도한 자기소개의 한 예다.

- 여러분, 처음 뵙겠습니다. 저는 H라고 합니다. 제가 어떤 사람인지 여러분이 단번에 이해할 수 있도록 동물에 비유해 볼까 합니다. 동물에 비유한다면 저는 원숭이입니다. (P: 결론)

- 원숭이띠라서 그런 것도 있지만, 성격이 사교적이고 그룹 활동을 좋아하며 다른 사람의 장점은 바로 따라 해 보기 때문입니다. (R: 이유)

- 그런데 동물원에서 가장 인기 있는 동물이 뭔지 아시나요? 원숭이라고 대답하고 싶은 타이밍이지만 '해달'이라고 합니다. 보기 드문 동물이기도 하고, 특히 여름철에 귀엽고 청량한 해달을 보고 있으면 잠시라도 시원함을 느낄 수 있으니 그 마음도 이해가 갑니다. 여러분 가운데도 해달을 좋아하는 분이 계시겠죠? (E: 구체적인 예)

- 이에 반해 원숭이는 동물원에 가면 항상 볼 수 있는 동물입니다. 하지만 원숭이가 없는 동물원이 없듯 수수해 보여도 그룹에는 꼭 필요한 사람이 있는 법입니다. 저도 여러분에게 그런 사람이 될 수 있도록 노력하겠습니다. (P: 요약)

E 부분의 해달 이야기는 특별한 의미가 없다고 볼 수도 있지만, 자연스럽게 결론으로 이어지면서 전체의 이야기를 돋보이게 하고 있다. 또 살짝 옆길로 돌아가면서 '유머 감각이 있는 사람'이라는 인상을 준다. 편안한 자리라면 이런 센스를 발휘해 다른 사람의 마음을 사로잡는 것도 인간관계를 잘 맺는 좋은 계기가 된다.

이유와 근거가 뒤섞여
실패한 사례

PREP 기법으로 말할 때 가장 실패하기 쉬운 것이 있다. 바로 R(이유)과 E(근거나 사례)를 구분하는 것이다. 이유 안에 예시가 뒤섞이면 내용이 강조되지 않고 뒤죽박죽되어 버려 말하고자 하는 이야기의 초점이 흐트러진다. 이럴 때는 이유를 먼저 제시한 뒤에 구체적으로 보충하면 논리적으로 보인다.

실패 예시와 개선 예시를 비교해 살펴보자.

예시 ①

"저는 동물 중에서 고양이를 가장 좋아합니다. 왜냐하면 등에 가지런히 나 있는 반들반들한 털이나 보들보들한 꼬리를 쓰다듬고 있으면 마음이 아주 편안해지기 때문입니다. 그래서 저는 고양이를 좋아합니다."

개선한 예시

"저는 동물 중에서 고양이를 가장 좋아합니다. 왜냐하면 쓰다듬고 있으면 마음이 아주 편안해지기 때문입니다. 등에 가지런히 나 있는 반들반들한 털이나 보들보들한 꼬리를 쓰다듬으면 마음이 평온해집니다. 그래서 저는 고양이를 좋아합니다."

예시 ②

"이번 여행은 이 일정대로 진행해 봐요. 어른들은 온천에서 느긋하게 쉴 수 있고, 젊은 사람들은 운동을 즐길 수 있잖아요. 아이를 위한 놀이공원도 있으니 이 일정이 좋겠어요."

개선한 예시

"이번 여행은 이 일정대로 진행해 봐요. 세대가 달라도 각자 즐길 수 있으니까요. 어른들은 온천에서 느긋하게 쉴 수 있고, 젊은 사람들은 운동을

5장 · 사례나 데이터(T)로 근거를 제시한다

즐길 수 있잖아요. 아이를 위한 놀이공원도 있고요. 이렇게 모두 다양하게 즐길 수 있으니 이 일정이 좋겠어요."

"다음 회의 발표자로 S 씨를 추천합니다. S 씨는 상품기획부로 이동하기 전에 영업부에 있었으니 고객의 소리도 다양하게 들었을 것입니다. L 씨는 말은 잘하지만 기획 경험이 없고, 마케팅 지식도 S 씨보다 적습니다. 이 건에 관해서는 S 씨가 다면적으로 분석할 수 있지 않을까요?"

[개선한 예시]

"다음 회의 발표자로 S 씨를 추천합니다. 그 이유는 S 씨가 경험과 지식을 두루 갖추고 있기 때문입니다. 구체적으로 말씀드리자면 S 씨는 상품기획부로 이동하기 전에 영업부에 있었고, 고객의 소리도 다양하게 들었습니다. 마케팅 지식도 풍부합니다. L 씨는 말을 잘하지만 기획 경험이 없고, S 씨만큼 다면적으로 분석할 수 있을지 의문입니다. 그래서 S 씨를 추천합니다."

3가지 모두 '이유'를 구체적인 예에서 분리해 정확하게 제시하고 있다. 이처럼 R을 독립시켜야 PREP 기법을 자유자재로 구사할 수 있다.

6장

요약(P)을 마지막에 한 번 더 말한다

반복하면
기억이 강화된다

PREP 기법의 마지막 과정인 P(Point, 요약)에 대해 살펴보자. 마지막 P는 '요약'이다. "끝이 좋으면 다 좋다"는 말이 있는데, 이야기도 끝을 어떻게 마무리하느냐에 따라 결과가 달라진다.

PREP 기법에서는 이야기의 마지막을 시작 부분의 반복으로 끝맺는다. 물론 완전히 똑같은 문장을 반복할 필요는 없다. 하지만 처음과 마지막에 공통된 내용이 들어가야 한다. 그렇게 정리하면 이야기를 쉽게 요약할 수 있기 때문이다. 이러한 이유 외에 사실 더 중요한 이유가 3가지 있다.

P를 강조하는 이유 3가지

① 기억 강화 : 머릿속에 각인시킨다.

② 이해 촉진 : 충분히 이해시킨다.

③ 요점 확정 : 요점을 확실하게 전달한다.

그렇다면 먼저 '기억 강화'부터 살펴보자.

머릿속에 가장 뚜렷하게 남는 것은 어떤 것일까? 바로 반복해서 보고 들은 내용이다. 우리는 한 번 보고 들은 내용은 잘 기억하지 못한다. 어떤 사람이 이야기를 딱 한 번 들려줬다고 하자. 당신은 그 내용을 얼마나 기억할 수 있을까? 어지간히 충격적인 이야기가 아니라면 대부분은 금세 잊어버리고 말 것이다.

대화를 나누는 목적은 다양하다. 가볍게 아는 사람과 수다를 떨었다면 그 자리에서 바로 내용을 잊어버려도 상관없다. 하지만 비즈니스 커뮤니케이션에서는 그렇지 않다.

일을 성사시키기 위해서 업무 관계자들은 설명, 설득, 이해, 지식 전달, 행동 촉구 등의 목적을 갖고 이야기한다. 말하는 사람의 목적을 달성하기 위해서는 먼저 말한 내용을 상대가 기억해야 한다. 따라서 이야기를 각인시키기 위해서는 '반복'해야 한다.

앞에서 말한 내용을 마지막에 다시 말하는 것에는 의미가 있다. 사람은 바로 직전에 들은 내용을 가장 잘 기억하기 때문이다. 보통 기억은 시간이 지나면서 흐릿해진다. 누구나 오늘 점심 메뉴는 기억하지만, 어제나 그저께 점심 메뉴로 거슬러 올라가면 헷갈린다.

마찬가지로 대화를 나눈 후 가장 뚜렷하게 기억하는 것은 대화가 마무리되기 직전에 들은 내용이다. PREP 기법에서는 제일 처음에 요점을 말하는데, 이야기가 진행될수록 요점은 자연스레 흐릿해진다. 이야기가 끝나는 시점에 다시 한 번 요점을 언급하는 것은, 상대가 이야기를 다 듣고 난 뒤에도 요점을 기억할 가능성을 높이기 위해서다.

다음 대화를 살펴보자. 병원에서 검진을 받고 의사와 대화를 나눈 K의 사례다.

의사 "K 님, 운동을 충분히 하셔야 합니다. (P: 결론)"

K "왜요?"

의사 "검진 결과를 보니까 내장지방이 많이 늘었습니다. (R: 이유)"

K "그런가요?"

의사 "네, 기준치를 훨씬 웃돌고 있어요. 실제로 허리둘레도 늘어났죠? 이대로 가다간 나중에 생활 습관병에 걸릴 가능성이 커집니다. 걷

기처럼 가벼운 운동을 3개월에서 6개월가량 지속하는 것만으로도 지방을 빼는 효과가 있습니다. 담배도 피우시죠?"

K   "하루에 4, 5개비 정도인데……."

의사 "가능하다면 금연하는 것을 추천합니다."

이 대화에서 의사는 처음에 '운동을 충분히 하라'는 조언을 P(결론)로 제시한 뒤 R(이유)도 덧붙였는데, 어느새 이야기가 금연 쪽으로 흘러갔다. 대화가 여기서 끝나 버리면 K 씨는 운동 이야기는 잊어버리게 된다. 그 부분에 주의해 PREP 기법의 형식을 지킨 대화와 비교해 보자.

의사 "K 님, 운동을 충분히 하셔야 합니다. (P: 결론)"

K   "왜요?"

의사 "검진 결과를 보니까 내장지방이 많이 늘었습니다. (R: 이유)"

K   "그런가요?"

의사 "네, 기준치를 훨씬 웃돌고 있어요. 실제로 허리둘레도 늘어났죠?
     이대로 가다간 나중에 생활 습관병에 걸릴 가능성이 커집니다. 걷
     기처럼 가벼운 운동을 3개월에서 6개월가량 지속하는 것만으로도
     지방을 빼는 효과가 있습니다. 담배도 피우시죠? (E: 근거)"

K   "하루에 4, 5개비 정도인데……."

의사 "가능하다면 금연하는 것을 추천합니다."

K   "그래야 할까요?"

의사 "네, 오늘부터 담배는 멀리하고 운동에 신경 써 주세요. (P: 요약)"

이 대화에서 의사는 마지막에 '운동'이라는 화제의 요점을 다시 한 번 상기시킨다. 그러면 환자도 의사의 조언을 잊지 않고 진찰실을 나갈 것이다.

반복으로
충분히 이해시킨다

반복해야 하는 두 번째 이유는 '이해 촉진'으로 이야기를 반복하면 듣는 사람이 더 잘 기억하게 되고 내용도 충분히 이해할 수 있기 때문이다. 이야기를 처음 들을 때는 내용을 단번에 이해하지 못했는데, 몇 번 반복해서 들었더니 자연스럽게 이해한 경험이 있을 것이다.

커뮤니케이션은 서로를 더 깊이 이해하기 위한 행동이다. 이야기를 막 시작할 때는 몰랐던 내용도 이야기를 듣고 대화를 주고받다 보면 점차 이해할 수 있다.

PREP 기법은 처음에 나오는 P(결론)에 R(이유)과 E(근거)를 더해 자세히 설명한다. 이야기를 시작할 때는 주제에 따라 듣는 사람이 요점을 이해하지 못할 수도 있다. 하지만 왜 그래야 하는지에 대한 이유와 구체적인 예를 언급하면 이해도를 높일 수 있다. 이것이 바로 설명과 설득의 과정이다.

다만 이 과정을 충실히 거쳤지만, 마지막에 말한 사람과 들은 사람이 이해한 내용을 서로 확인하지 않으면 지금껏 나눈 이야기가 허사가 되는 경우도 있다. 특히 대화를 나눌 때는 서로 이야기를 주고받기 때문에 한 사람이 오래 말할 수가 없다. 그러다 보면 반드시 해야 할 말을 건너뛰거나 설명이 부족한 상태로 대화가 흘러갔는데도 서로의 이야기를 이해한 것처럼 끝나 버리기도 한다. 다시 의사와 K의 대화를 살펴보자.

K   "선생님, 대사증후군이라는 게 위험한 건가요?"

의사 "네, 대사증후군은 건강한 생활을 유지하고 싶다면 정말 조심해야 합니다. (P: 결론) 왜냐하면 심장병이나 뇌 질환에 걸릴 가능성이 커지기 때문입니다. (R: 이유) 대사증후군이란 간단히 말하면 내장형 복부 비만에 고혈압이나 고혈당 등이 동시에 나타나는 상태를 말합니다. 이 상태가 계속되면 생명을 위협하는 질병으로 이어지기도 합니다. (E: 근거)"

K "그럼 큰일이겠네요. 뱃살을 좀 빼야겠어요."

의사 "네, 조심하셔야 합니다."

이 대화에서 K 씨는 마지막에 '뱃살을 좀 빼야겠다'라는 자기 나름의 P(요약)를 제시했는데, 의사는 그 의견에 제대로 답하지 않았다. 그러면 의사가 전달하고자 하는 내용이 확실히 전해지지 않게 된다. 그 부분을 다음과 같이 바꾸어 보자.

K "그럼 큰일이겠네요. 뱃살을 좀 빼야겠어요."

의사 "뱃살을 빼는 것도 중요한데, 특히 내장지방을 줄여야 합니다. (P: 요약) 보기엔 말라 보여도 내장지방이 많은 사람도 있거든요."

K 씨가 요약한 P(결론)에 대해 의사가 더 상세히 P를 제시했다. 이렇게 마지막까지 세심하게 P를 언급해 주면 상대는 대화 내용을 더 잘 이해할 수 있게 된다.

반복으로 요점을
확실히 전달한다

대화를 나누다 보면 으레 오해가 생길 때가 있다. 앞에서도 이야기했듯이 어떤 내용을 한 번 듣고서 기억하고 이해하기란 어렵다. 이런 사실을 알고 있으면서도 막상 말하는 사람의 입장이 되면 이야기를 듣는 상대가 자신의 말을 다 이해했다고 믿기도 한다. 평소에 주위 사람들에게 이런 이야기를 많이 했을 것이다.

"아까 말했잖아."

"이미 다 설명했잖아?"

"벌써 까먹었어?"

그런데 이런 말을 듣는 사람의 입장이 되면 "한 번 듣고 어떻게 알아" 하고 투덜댈지도 모른다. 마찬가지로 내가 말하고자 한 요점을 상대도 반드시 요점으로 받아들인다고는 볼 수 없다. 내가 A라고 말한 것을 상대는 B로 받아들이는 경우도 허다하다.

"말했잖아, 안 듣고 있었어?"

"들었는데 그 말인지는 몰랐지."

이런 식으로 대화의 주제가 엇갈리지 않도록 이야기의 요점을 말하는 사람과 듣는 사람이 수시로 확인하는 것이 좋다. 이때 요약의 P를 활용해 보자. 다시 의사와 K 씨의 대화를 살펴보겠다. 의사가 대사증후군을 설명하고 마지막에 이렇게 덧붙였다.

의사 "대사증후군을 예방하기 위해서는 식습관이 중요합니다. (P: 결론) 몸은 우리가 먹은 것으로 이루어져 있다고 해도 과언이 아니기 때문이죠. (R: 이유) 고기나 기름진 음식, 과자 등은 과하게 섭취하지 않는 게 좋습니다. (E: 구체적인 예)"

K "알겠습니다. (나는 과자를 별로 안 먹으니까 고기를 피하면 되겠군.)"

이 대화에서 K 씨는 '대사증후군을 예방하려면 고기를 피하면 된다'라고 받아들이고 말았다. 의사가 말하고 싶은 것은 '고

칼로리 음식을 과하게 섭취하지 말라'는 것이었는데, 제대로 전달되지 않은 것이다. 그렇다면 어떻게 하면 좋을까? 여기에 P(요약)를 한마디 덧붙이면 된다.

> **의사** "……고기나 기름진 음식, 과자 등은 과하게 섭취하지 않는 게 좋습니다. (E: 구체적인 예)"
>
> **K** "알겠습니다. (나는 과자는 별로 안 먹으니까 고기를 피하면 되겠군.)"
>
> **의사** "고기를 먹을 때는 채소도 꼭 같이 드세요. 중요한 건 균형 잡힌 식사입니다. (P: 요약)"

이렇게 말해 주면 K 씨도 의사의 말을 정확히 이해할 수 있을 것이다. 마지막에 P(요약)를 덧붙이면 커뮤니케이션이 훨씬 분명해진다.

영어에 이런 말이 있다. "Talk about what you will talk about, talk about it, and talk about what you talked about." "무슨 말을 할지 말하고, 그 말을 하고, 말한 것을 말하라"라는 뜻이다. 말할 때의 자세를 알려주는 문장으로 쓰인다. 이 가르침에 따르면 사람들은 같은 내용을 세 번 말하게 되는 경우가 많다. 실제로 이야기는 그 정도로 반복해 듣지 않으면 기억에 남지 않고, 충분히 이해하기도 어렵다.

　말할 때는 상대에게 '들려주는' 데서 그치지 않고 '충분히 이해시켜 기억하게 만들겠다'라는 더욱 적극적인 자세가 필요하다. 말하는 사람이 스스로 '내가 너무 집요한가?'라는 생각이 들 정도가 되어야 듣는 사람이 이해하기 시작하니 걱정하지 말고 반복하자.

듣는 사람이 움직여야
제대로 이야기가 전달된 것이다

PREP 기법은 논리성뿐 아니라 듣는 사람의 심리, 즉 감정까지 활용해 커뮤니케이션 효과를 높이는 기술이다. 논리만 강조하려고 했다면 P(결론), R(이유), E(근거) 3가지만 있어도 충분하다. 'A다', '그 이유는', '이유를 뒷받침하는 사례는'이 갖춰지면 논리는 충분하니까 말이다.

그런데 마지막에 한 번 더 P(요약)를 덧붙이는 까닭은 이 구성 방법이 단순히 논리적인 이야기를 추구하는 것이 아니라 주장과 설득 등을 통해 상대의 마음을 움직이는 것을 목적으로 하기 때문이다. 따라서 때로는 요약의 P에 다른 내용을 덧붙이는 것도 고려해야 한다. 이야기의 끝을 지금까지 말한 내용을 요약하는 선에서 마무리하면 "그렇군요, 이해했습니다"라는 말은 들을 수 있지만 거기서 끝일 수 있다.

비즈니스 커뮤니케이션에서는 '이해했다'라는 말을 듣는 데서 만족하지 않고 '그렇게 하겠다!'라는 결심이 서게 만들어야 한다. 기획안을 제안했다면 '채택'을, 영업을 했다면 '구매'라는 행위까지 이어져야 한다. 연구 발표나 설명처럼 이해를 목적으로 한 이야기도 듣는 사람이 말하는 사람에 대한 신뢰나 믿음을 보이지 않는다면 헛수고를 한 셈이다.

PREP 기법을 제대로 활용하려면 행동을 촉구하는 한마디가 필요하다. 마지막에 이야기를 요약하면서 "이렇게 해 보자"라며 구체적으로 제안하는 문장을 덧붙이면 된다. 예를 들면 다음과 같다.

"…… 이런 이유로 건강한 삶을 위해선 균형 잡힌 식사가 중요합니다."

[개선한 예시]

"…… 이런 이유로 건강한 삶을 위해선 균형 잡힌 식사가 중요합니다. 여러분도 꼭 평상시 식습관을 다시 점검해 보세요."

　이렇게 한마디만 덧붙여도 결심이나 행동을 하게 만드는 효과가 높아진다. 이야기를 들은 뒤 상대를 이해하는 데서 그치는 것과 행동으로 옮기기로 결심하는 것의 차이는 상당히 크다. 마지막 한마디는 다양하게 덧붙일 수 있지만, 여기서는 P를 반복해서 얻는 3가지 효과를 증폭하는 표현을 예로 들어 보려 한다.

① 기억 강화	반복을 통해 각인시킨다. "~이 핵심입니다. 꼭 기억해주세요."
② 이해 촉진	반복을 통해 충분히 이해시킨다. "이것에 관해서는 나중에 직접 시도해 보시기를 추천합니다."
③ 요점 확정	반복을 통해 요점을 확실하게 전달한다. "여러 가지를 이야기했지만, 중요한 것은 ~입니다. 우선은 ~부터 실행해 주세요."

마지막 P에 더 강력하고도 적극적인 한마디를 덧붙이면 듣는 사람과의 유대도 강화된다.

요약이 제대로
마무리되지 못한 사례

마지막 P(요약)를 생략하거나 불필요한 말을 덧붙여 마무리를
사족으로 만들면, 애써 지금까지 잘 진행해 온 이야기가 허사로
돌아가니 마무리를 확실하게 해야 한다.

예시 ①

"……L 씨는 반대 의견을 냈습니다. J 씨는 찬성이고, K 씨도 찬성입니다.
이제 7명 모두 의견을 냈죠? 총무부 의견은 여기까지입니다."

개선한 예시

"······L 씨는 반대 의견을 냈습니다. J 씨는 찬성이고, K 씨도 찬성입니다. 총무부의 의견은 여기까지로, 요약하면 반대 3명, 찬성 4명입니다."

예시 1을 개선한 내용은 짧지만 요약을 덧붙여서 이해의 차이가 나타나는 경우다. 마지막에 전체 내용을 요약하고, 구체적으로 숫자를 제시하면 의견을 효과적으로 전달할 수 있다.

예시 ②

"······여기까지 기획안 설명을 마칩니다. 꼭 채택하는 방향으로 검토 부탁드립니다. 이제 질문이 있으시면······. 아, 그런데 너무 어려운 질문은 지양해 주세요. 자세한 내용은 담당자에게 물어야 알 수 있는 것도 있고, 부장님이 여기서 실패하면 제 탓이라고 어찌나 부담을 주시는지······."

개선한 예시

"······여기까지 기획안 설명을 마칩니다. 꼭 채택하는 방향으로 검토 부탁드립니다. 지금부터 궁금한 점이 있으면 질문해 주세요. 제가 아는 범위 내에서 답변해 드리겠습니다."

예시 2를 보면 발표가 끝난 뒤 농담을 던지고 있다. 실제로 발표장이나 회의장에서 프레젠테이션을 마치고 이런 식으로 농담을 건네는 사람이 있다. 외부인을 상대로 하는 경우에는 어떤 상황에서든 자신의 약점을 드러내거나 내부인끼리 나눈 이야기를 꺼내는 것은 삼가는 게 좋다.

7장

PREP 기법으로
프레젠테이션 실력을
업그레이드하자

프레젠테이션에
PREP 기법을 활용한다

프레젠테이션과 발표는 비슷해 보이지만 큰 차이가 있다. 자료나 원고 내용을 전달할 때, 발표보다는 프레젠테이션이 더 귀에 쏙쏙 들어오고 이해하기 쉬워야 한다.

참석자는 단순히 자료만 읽었을 때보다 내용을 더 깊이 이해하고 주장에 수긍할 수 있을 것이란 기대를 안고 프레젠테이션을 듣는다. 특히 많은 사람을 한 번에 이해시키고, 참석자를 결론까지 잘 끌고 가 설득할 수 있을 것이라 기대한다. 그러므로 그 기대를 충족시키도록 이야기해야 하는데, 이 기대에 부응하는 최고의 방법은 바로 발표의 구성 방식에 있다.

지금부터는 프레젠테이션 자리에서 PREP 기법을 어떻게 활용할 수 있는지 살펴보기로 한다. PREP 기법을 응용하는 방법으로 'PREP 기법 + 개조식법' 구성이 있다. 개조식個條式은 요점이 여러 가지일 때 하나로 연결해 말하는 것이 아니라, 짧은 문장으로 나눈 뒤 번호를 매겨 제시하는 것이다. 예를 들어보자.

영업회의 안건

이하 3가지 안건에 대해 보고, 토의, 결의를 진행한다.

① 금년도 매출 보고

② 내년도 영업 행사 주제

③ 내년도 영업 행사 추진 인원 선출

이상

개조식법은 이야기도 이런 식으로 구성한다. 위 문서의 예를 개조식법을 사용해 말로 하면 다음과 같다.

• **개조식법을 사용한 예 ①**

"영업회의 안건에 대해 알려드립니다. 오늘은 다음 3가지 안건에 대해 보고와 토의, 결의를 진행합니다. ① 금년도 매출 보고 ② 내년도 영업 행사 주제 ③ 내년도 영업 행사 추진 인원 선출, 이상입니다."

물론 '1, 2, 3' 부분은 '우선, 다음으로, 마지막으로'나 '첫째는, 둘째는……'으로 해도 상관없다. 이렇게 개조식법으로 전달하면 듣는 사람의 머릿속에 내용이 확실히 정리되면서 쏙쏙 박힌다. 개조식법을 사용하지 않은 예와 한번 비교해 보자.

• 개조식법을 사용하지 않은 예 ①
"영업회의 안건에 대해 알려드립니다. 금년도 매출 보고를 하고, 끝나면 내년도 영업 행사 주제를 결정하고, 그다음 내년도 영업 행사 추진 인원을 선출할 예정입니다."

이렇게 말하면 머릿속에서 정리도 안 될뿐더러 안건이 계속 이어질 것 같은 느낌이 든다. 안건이 몇 개인지도 듣는 사람이 직접 세어 봐야 한다. 3가지 정도면 문제없겠지만, 그보다 안건이 늘어나 내용이 복잡해지면 회의 참석자들이 발표를 따라가기가 버거워진다.

개조식을 사용한 예를 살펴보자. 개조식으로 말하면 처음에 안건의 개수를 명확히 밝히기 때문에 마음이 편안하다. 그 뒤로 각각의 내용에 대해 '첫째는……, 둘째는……' 하고 뉴스 헤드라인처럼 설명이 따른다. 숫자를 명확히 제시하면 만일 듣다가 놓치는 부분이 있어도 "세 번째 안건은 뭐였죠?" 하고 질문할 수 있다. 숫자가 없었다면 그 안건이 있었는지조차 알 수 없으므로 그런 점에서도 편리하다.

이렇게 이야기할 내용의 서두 부분을 전달했다면 그다음에는 첫 번째 항목부터 구체적으로 설명한다. 여기서는 반드시 '숫자'와 '항목 내용'을 제시한다. 개조식법은 언뜻 간단해 보이지만, 단순하게 '개수만 말하면 되겠네' 하고 생각하다가는 낭패를 보기 쉽다. 앞의 영업 회의의 예로 살펴보자.

• 개조식법을 사용한 예 ②

"영업회의 안건에 대해 알려드립니다. 오늘은 3가지 안건을 다룰 예정입니다. 첫째는 금년도 매출 보고입니다. 이 부분은 영업부 담당자인 S 씨가 보고서를 작성해서 이미 여러분 책상 위에 자료를 나눠드렸고요. 이에 대해서는 S 씨가 자세히 설명할 예정입니다. 그럼 S 씨, 잘 부탁드립니다."

이렇게 말하면 안건이 총 3가지인 것은 알지만 나머지 2가지의 내용은 모른 채 이야기가 진행된다. 그러면 참가자와 이런 대화가 오갈 수도 있다.

"저, 잠시만요! 내년도 영업 행사를 진행하기로 하지 않았나요? 담당자는 안 정하나요?"
"아, 그건 일단 매출 보고 후에 말씀드릴 예정이라……."

이렇게 되면 기껏 적용한 개조식법의 장점을 살리지 못한다. 개조식법을 사용할 때는 다음 3가지 포인트에 유념하자.

개조식법의 3가지 포인트
① 서두에서 요점의 개수를 명확하게 밝힌다.
② 요점의 내용을 순서대로 간략하게 제시한다.
③ 첫 번째 요점으로 돌아가 자세하게 설명한다.

개조식법을 사용하는 방식을 이해했다면 이것을 PREP 기법과 조합해 보자. 구체적으로 프레젠테이션을 진행한다고 가정하고 P(결론), R(이유), E(근거), P(요약)가 여러 개인 이야기의 구성 방법을 살펴보겠다.

개조식의 항목은
최대 7개까지

개조식이 편리하다고 해도 항목을 무한정 나열할 수는 없다. 일 반적으로 개조식법으로 제시할 수 있는 항목은 최대 7개다. 우 리 주변에서 가짓수를 전면에 내세운 것을 찾아보면 최대 7개 까지가 많다.

영화로는 〈백설공주와 일곱 난쟁이〉, 〈7인의 사무라이〉가 있고, 책으로는 《성공하는 사람들의 7가지 습관》이라는 베스트셀러도 있다. '칠복신(일본의 토속신앙으로 복을 가져다주는 7명의 신 - 옮 긴이)'도 그렇고, 일주일도 7일이다.

개조식을 사용하는 이유는 말하는 내용을 상대방이 들으면서 바로 이해하기를 바라기 때문이다. 7개를 상한으로 잡고, 가능한 3개 내지 5개로 압축하자. 물론 4개나 6개라도 상관없지만, 홀수가 더 강한 인상을 준다. 나눌 수 있는 수라면, 예를 들어 요점이 4가지라면 압축해서 2가지로 만들 수 없을까를 궁리하게 된다. 홀수라면 그만큼 항목이 필요했다고 생각해 듣는 사람이 쉽게 받아들일 수 있다.

항목의 가짓수를 줄이면 내용을 요약하기에도 편하다. 이것저것 다 중요한 것 같아서 요점이 한가득 나왔다면 '5개로 줄일 순 없을까?', '최대한 3개로 만들 순 없을까?'를 고민해 보자. 이때 3은 특히 머릿속에 넣어 두면 유용한 숫자다. 우리 주변에도 '초급·중급·상급', '송·죽·매', '홉, 스텝, 점프' 등 3개를 한 묶음으로 표현한 것들이 많다. 이처럼 우리는 숫자 3에 익숙하므로 "요점이 3가지다"라는 말은 거부감 없이 받아들일 수 있다.

가짓수를 몇 가지로 제한하면 핵심만 남길 수 있다. 가짓수를 활용해 꼭 필요한 것만 간결하게 말하는 습관을 들이자.

결론(P)이
여러 개인 경우

앞에서 예로 든 회의의 맨 처음 발언도 첫 번째 P(결론)가 여러 개인 경우에 해당한다. 회의에서는 안건 항목이 P가 되는데, 프레젠테이션에서는 본인의 의견이나 아이디어를 내세우고 강조하는 부분이 많아지기 때문에 회의에서 처음 한 발언과는 조금 다른 면도 있다. 여기서는 주장하려는 부분이 여러 개인 프레젠테이션을 가정해 살펴보겠다.

광고 회사의 영업 담당자가 고객에게 홍보 수단을 제안할 기회가 생겼다. 담당자는 인쇄 매체(팸플릿), 영상 매체(DVD), 그리고 인터넷 매체(웹사이트) 3가지 방향의 광고를 제안하려고 한다. 이때 강조할 포인트는 3가지 매체 전부다. 이 포인트들을 서두부터 제대로 전달하기 위해 개조식법을 사용해 보자.

- 개조식법을 사용하지 않은 예

"그럼 지금부터 프레젠테이션을 시작하겠습니다. 귀사의 신제품을 대대적으로 홍보하기 위한 수단으로 팸플릿 관련 제안부터 먼저 설명하겠습니다. 나눠드린 자료를 봐 주십시오."

- 개조식법을 사용한 예

"그럼 지금부터 프레젠테이션을 시작하겠습니다. 저희는 귀사의 신제품을 대대적으로 홍보하기 위해 3가지 방법을 조합하는 방식을 제안합니다. 첫째는 종이 매체 광고, 즉 팸플릿입니다. 둘째는 영상 매체인 DVD입니다. 마지막으로 셋째는 인터넷 매체인 웹사이트를 활용한 방법입니다. 그럼 첫 번째 팸플릿부터 말씀드리겠습니다."

위의 예시처럼 개조식법을 이용해 발표의 첫머리에서 홍보하기 위한 방법이 3가지라고 간략하게 숫자를 제시하자. 그러면 회의에 참석한 사람들은 발표자가 앞으로 할 이야기를 더 쉽게 이해하고 덩달아 기대감도 더 높아진다. 이렇게 발표의 앞부분에서 개조식법을 활용하면 그 뒤에는 각각의 P(결론)에 대해 PREP 기법을 전개할 것임을 짐작할 수 있다. 그렇다면 앞의 예시가 어떻게 진행되는지 살펴보자.

"그럼 지금부터 프레젠테이션을 시작하겠습니다. 저희는 귀사의 신제품을 대대적으로 홍보하기 위해 3가지 방법을 조합하는 방식을 제안합니다. 첫째는 종이 매체 광고, 즉 팸플릿입니다. 둘째는 영상 매체인 DVD입니다. 마지막으로 셋째는 인터넷 매체인 웹사이트를 활용한 방법입니다. 그럼 첫 번째 팸플릿부터 말씀드리겠습니다. (P_1) 우선 팸플릿이 왜 필요한지 말씀드리자면, 두말할 것도 없이 매장에 들어서자마자 고객이 바로 손에 쥘 수 있는 가장 손쉬운 광고 매체가 팸플릿이기 때문입니다. (R_1) 이 팸플릿에서 새로운 인상을 주지 못하면 애써 만든 신제품의 매력도 고객에게 다가가지 못합니다. 그래서 이번에는 팸플릿의 형태부터 재검토하는 방안을 제안하고자 합니다. 기존의 A4 크기 2단 접지를 B4 크기로 확대…… (계속 설명한다)………. (E_1) 이렇게 대형화와 시각적 요소의 변화를 통해 고객에게 새로운 인상을 심어주는 것이 이번 팸플릿 디자인이 추구하는 바입니다. (P_1의 P)
다음으로 영상 매체인 DVD 제작에 관해 설명해 드리겠습니다. ……

(P₂~P₂의 P)"

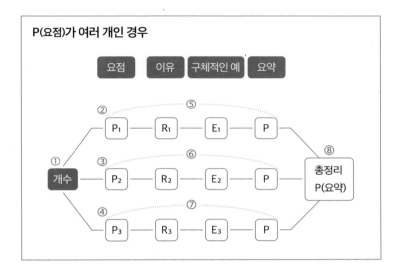

이렇게 전개해 나가면 마지막 P(요약)도 서두의 요점에 따라 3가지가 되므로, 마지막에는 3가지 P를 종합한 P를 만들어 프레젠테이션 전체를 마무리하게 된다. 예를 들어 3가지 요점을 열거한 P(요약)를 다음과 같이 제시하며 프레젠테이션을 끝맺을 수 있다.

"이렇게 인쇄, 영상, 인터넷 매체 3가지 방향에서 귀사의 신제품을 홍보하면 타사는 하지 못했던 종합적이고 입체적인 광고 활동을 할 수 있습니다. 꼭 이번 제안을 채택해 주시기 바랍니다."

이러한 마지막 총정리는 R(이유), E(근거나 구체적인 예), 마지막 P(요약)가 여러 개인 경우에도 필요에 따라 덧붙이면 좋다.

이유(R)가
여러 개인 경우

이제 R을 여러 개 제시하고 싶은 경우를 살펴보자. 이유가 여러 개라면 그만큼 주장하고자 하는 P(결론)를 지지하는 힘도 더 강해진다. 개조식을 활용하기 딱 좋은 타이밍이니 바로 예를 살펴보자. 다음은 개조식을 활용해 팸플릿 도안의 특장점을 고객에게 설명하는 상황이다.

• 개조식법을 사용하지 않은 예

"저는 이 팸플릿의 A 안을 추천합니다. 화이트의 모노톤 색조에 옐로를 가

미해 따뜻함을 주기 때문입니다. 이번 광고는 베이스 컬러를 화이트로 잡은 게 특징이지만 그것만으로는……"

• 개조식법을 사용한 예
"저는 이 팸플릿의 A 안을 추천합니다. 그 이유는 3가지입니다. 첫째는 따뜻한 색조, 둘째는 안정적인 디자인, 그리고 셋째는 인상적인 서체 때문입니다. 그럼 첫 번째 이유부터 구체적으로 말씀드리겠습니다."

이야기의 흐름은 P(요점)가 여러 개인 경우와 같다. 요점을 먼저 말하고 이유가 여러 개인 것을 밝힌다. 그리고 각각의 이유를 설명하고서 첫 번째 이유부터 E(근거나 구체적인 예)를 들어 자세한 설명을 덧붙여 나간다.

"그럼 첫 번째 이유부터 구체적으로 말씀드리겠습니다. 따뜻한 색조 때문입니다. (R_1) A 안은 화이트의 모노톤에 옐로를 가미했습니다. 이는 도회적인 분위기 속에서도 따뜻함이 느껴지도록 한 의도입니다…… (설명을 계속한다) ……(E_1), 이러한 배색은 안정감을 주는데, 이번 제품의 이미지를 색조에서부터 잘 드러내고 있습니다. (R_1의 P)
이제 두 번째 이유입니다. 구체적으로는……"

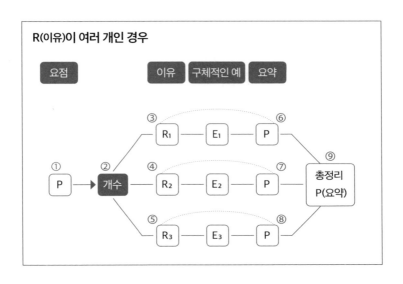

근거(E)가
여러 개인 경우

E(근거)가 여러 개인 경우는 어떨까? 상대가 이해하기 쉽도록 설명하기 위해 P(결론) 하나, R(이유) 하나로 진행하다가 R을 뒷받침하는 구체적인 사례나 데이터 등이 여러 개인 경우를 예로 들어 살펴보자.

• 개조식법을 사용하지 않은 예

"귀사에 인터넷 광고를 추천합니다. (P: 결론) 왜냐하면 귀사에 가장 효과적인 광고 매체기 때문입니다. (R: 이유)

이번에 제안하는 웹사이트는 일평균 페이지뷰 5만 8,000건으로 높은 수준을 유지하고 있습니다. 또 다양한 연령층이 보는 신문 광고와 달리 인터넷 광고는 타깃 성별과 연령층을 효율적으로 겨냥할 수 있습니다. 앞선 조사에 따르면 20대부터 30대 남녀 중 85퍼센트가 평소 인터넷을 자주 본다고 답했고, 그중 50퍼센트 이상이 인터넷 광고를 통해 쇼핑한 적이 있다고 답했습니다. (E: 구체적인 예)"

· 개조식법을 사용한 예

"귀사에 인터넷 광고를 추천합니다. (P: 결론) 왜냐하면 귀사에 가장 효과적인 광고 매체기 때문입니다. (R: 이유)

이를 뒷받침하는 데이터 3가지를 소개하겠습니다. 먼저 이번에 제안하는 웹사이트는 일평균 페이지뷰 5만 8,000건으로 높은 노출 수준을 유지하고 있습니다. (E_1)

다음으로 소비자 속성에 관한 데이터입니다. 다양한 연령층이 보는 신문 광고와 달리 인터넷 광고는 타깃 성별과 연령층을 효율적으로 겨냥할 수 있습니다. 앞선 조사에 따르면 20대부터 30대 남녀 중 85퍼센트가 평소 인터넷을 자주 본다고 답했습니다. (E_2)

마지막으로 구매 행동으로 직결되기 쉽기 때문입니다. 앞에서 말씀드린 85퍼센트 중 50퍼센트 이상이 인터넷 광고를 통해 쇼핑한 적이 있다고 답했습니다. (E₃)"

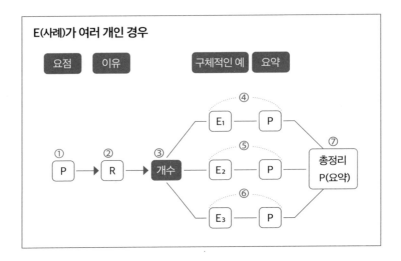

개조식으로 정리하면 숫자로 된 데이터를 나열할 때 특히 이해도가 높아진다. 그 뒤로는 각각의 E가 길다면 E마다 P(요약)를 덧붙여도 좋고, 그럴 필요가 없다면 다음과 같이 총정리하면서 마무리해도 된다.

"이렇게 3가지 데이터를 소개했는데요. 3가지 모두 다른 매체보다 효과적이라는 사실을 이해하셨을 겁니다. 꼭 이 제안을 채택하는 방향으로 검토해 주시기 바랍니다."

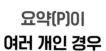

요약(P)이
여러 개인 경우

앞에서 이야기한 것처럼 처음에 P(결론)가 여러 개면 마지막
P(요약)도 여러 개가 필요해진다. P가 하나일 경우 R과 E 각각
하나씩 단순하게 나열하다가 마지막 P를 여러 개 드는 경우도
있다. 지금부터 한번 살펴보자.

이 방법은 그렇게 자주 사용하는 구성은 아니다. PREP 기법
으로 봐도 살짝 변칙적인 구성인데, 전달하고자 하는 요점을 상
대가 가장 선명하게 기억할 수 있도록 이야기의 마지막 부분에
집중시켜 강조해 주는 효과가 있다. 예를 들어 보자.

"귀사에 여러 가지 광고 매체를 조합한 종합적인 프로모션을 추천합니다. (P) 왜냐하면 지금까지 해 온 것처럼 한 가지 매체로만 진행하면 그 이상의 효과는 기대할 수 없다고 생각하기 때문입니다. (R) 지금까지는 잡지 광고만으로도 기대한 만큼의 효과를 냈지만, 잡지 부수 자체가 감소해 광고 효과도 서서히 떨어지고 있습니다……. (E)

그래서 이제는 3가지 방향에서 접근하기를 제안합니다. 첫째로 광고를 게재하는 잡지 재검토(P_1), 둘째로 인터넷 광고 활용(P_2), 셋째로 매장 프로모션 강화(P_3)입니다. 이 3가지를 조합한 프로모션 안을 제안합니다. (요약의 P)"

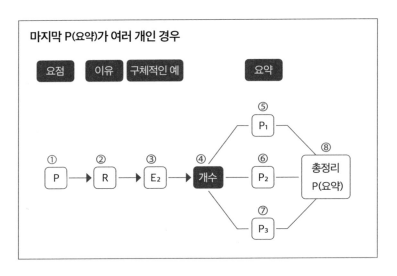

이렇게 PREP 기법과 개조식법을 조합하면 그 어떤 패턴도 가능하다. 이런 구성 방법을 활용하면 듣는 사람도 이해하기 쉽고, 프레젠테이션을 준비하는 사람도 편해진다. 아울러 이런 방법으로 구성한 것을 간단히 정리해 손에 쥐고 있으면 프레젠테이션을 진행할 때도 도움이 된다.

다음 표는 프레젠테이션을 할 때 유용한 메모를 예시로 든 것이다. 이 표를 참고해 프레젠테이션을 준비해 보자.

PREP 기법을 이용한 프레젠테이션 메모 (예)

P (결론)	R (이유)	E (근거)	P (요약)
A 안을 추천한다	R_1 ◎ 색조	E_1 ◎ 모노톤 + ◎ 옐로 ◎ 따뜻함 ◎ 참신 ◎ 도회적	P_1 ◎ 제품과 가장 잘 어울리는 색조
	R_2 ◎ 구도	E_2 ◎ 안정감 ◎ 직선의 효과적인 조합 ◎ 심플함	P_2 ◎ 도회적인 이미지를 주는 구도
	R_3 ◎ 서체	E_3 ◎ 모노톤 배경과의 대비 ◎ 세련된 영문 레터링	P_3 ◎ 눈에 잘 띄고 읽기 편한 서체

질의응답에
잘 대처하려면

프레젠테이션의 질의응답 시간에도 PREP 기법과 개조식법을 활용해 보자. 이 응용법을 익혀 두면 그 어떤 질문에도 즉각적으로 대답할 수 있게 된다. 지금부터 질의응답의 기본 방식과 활용법을 배워 보자.

질의응답에서는 다음 3가지 원칙을 지키도록 하자.

질의응답의 3가지 원칙

① 질문을 받으면 바로 답하지 않고, 반복해 확인한다.

② 질문에 정확하고 짧게 답한다.

③ 질문을 확실히 끝맺고, 질문자에게 확인한다.

그럼 순서대로 들여다보자.

1. 질문을 받으면 바로 답하지 않고, 반복해 확인한다

여러 명이 대화를 주고받는 미팅이라면 질문에 바로 답해도 상관없다. 하지만 프레젠테이션이라면 피하는 게 좋다. 질문자와 발표자 두 사람의 대화로 빠져버리기 때문이다.

"질문이 있는데요, DVD 제작의 경우 납기는 어느 정도인가요?"

"네, 3주 전후로 예상하시면 됩니다."

이렇게 바로 답하게 되면 다른 참석자들이 집중하기 어렵다. 프레젠테이션은 여러 사람을 향해 동시에 이야기하는 것이다.

질문자는 한 사람이지만, 듣는 사람은 그 자리에 있는 모든 사람이다. 그 사실을 잊고 질문자와 1대 1로 대화하면 나머지 사람은 소외감을 느끼게 되고, 프레젠테이션의 본질이 흐려진다. 질문을 한 번 더 확인하는 이유는 첫째로 이런 점 때문이다. 질문을 반복한 예를 살펴보자.

"질문이 있는데요, DVD 제작의 경우 납기는 어느 정도인가요?"
"네, DVD 제작의 납기가 어느 정도인지 물으셨군요. 3주 전후로 예상하시면 됩니다."

이렇게 하면 질문이 전체 청중으로 전달되어 1대 1 대화로 빠지지 않는다. 그 뒤로 이어지는 답변도 질문자를 향한 답변인 동시에 청중을 향한 정보 제공으로 받아들여진다. 아울러 이렇게 말하면 다음과 같은 효과도 나타난다.

질문을 반복하면 얻을 수 있는 3가지 효과
① 질문자가 자신의 질문이 정확하게 받아들여진 것을 확인하고 안심한다.
② 질문을 잘못 듣거나 잘못 해석하는 일을 방지한다.
③ 질문에 대한 답을 생각할 시간을 벌 수 있다.

마지막의 '질문에 대한 답을 생각할 시간을 벌 수 있다'는 프레젠테이션에 익숙하지 않은 사람이라면 특히 기억해 두면 좋은 포인트다.

당연히 어려운 질문을 받으면 사람들 앞에서 "어, 그게…….그러니까……" 하고 당황해서 횡설수설하는 모습을 보이기 쉽다. 그러나 "타사는 납기가 2주인데 저희는 왜 3주인가를 물으셨군요. 한마디로 답하기가 쉽지 않은 질문인데요……" 하고 질문을 그대로 반복하면 똑 부러지는 인상을 주는 동시에 질문의 답변을 생각할 시간도 벌 수 있다.

2. 질문에 정확하고 짧게 답한다

프레젠테이션 진행 능력은 질의응답 시간에 여실히 드러나는데, 제한된 시간 안에 얼마나 요령 있게 많은 질문에 답할 수 있는가를 보면 알 수 있다. 프레젠테이션에 익숙하지 않은 사람은 질의응답 시간으로 15분을 줘도 질문자 한 명을 붙들고 시간을 다 써 버리기도 한다.

이런 난감한 상황이 벌어지는 이유는 대답하기 전에 이야기의 틀을 잡아 놓지 않았기 때문이다. 답변의 틀이 잡혀 있으면 선로를 달리는 열차가 몇 개의 역을 통과해 결국은 종착역에 도착하는 것처럼 이야기가 각 부분을 거쳐 이내 마지막 부분에 도달한다. PREP 기법은 이런 상황에서도 이야기가 장황하게 늘어지지 않도록 도와준다.

3. 질문을 확실히 끝맺고, 질문자에게 확인한다

이것도 한 가지 답변을 질질 끌지 않게 하는 비결인데, 질문자와 둘만의 대화로 빠지지 않게 하는 역할도 한다. 다음 사례를 통해 비교해 보자.

> "이런 이유로 DVD 제작에는 최소한 3주가량의 시간이 필요합니다. 최대한 단축하기 위해 노력은 하겠습니다만……."
> "그 말은 노력하면 2, 3일은 당길 수 있다는 건가요?"
> "음, 뭐, 그렇죠……."

마지막에 "답변은 여기까지입니다" 하고 정확하게 마무리

짓지 않으면 이렇게 같은 사람이 다시 질문하기도 한다. 다음은 마지막에 정확하게 끝맺음을 한 예다.

> "이런 이유로 DVD 제작에는 최소한 3주가량의 시간이 필요합니다. 이상, 답변은 여기까지입니다. 만족하셨나요?"
>
> "아, 네."
>
> "그럼 다음 분 질문 받겠습니다. 다음 분은……."

짧은 시간에 최대한 많은 질문을 받기 위해서는 말하는 사람이 맺고 끊기를 확실하게 할 줄 알아야 한다. 이렇게 확인했는데 만일 질문자가 "네"라고 하지 않고 새로운 질문을 던진다면, 다시 그 질문에 답해도 좋다. 아니면 그 자리에서 대답을 피하는 형태로 다음과 같이 응해도 괜찮다.

> "다른 분 질문도 들어볼까요?"
>
> "그에 관해서는 다시 설명해 드리겠습니다."

이렇게 상황에 맞춰 대응하는 답변을 하되, 질문은 최대한 확실하게 끝맺도록 하자.

질의응답에도
PREP 기법을 활용한다

지금부터 질문에 답하는 방법을 구체적으로 살펴보자. 질의응답 시간에는 간결하고 짧게 답변하는 것이 원칙이므로 PREP 기법과 개조식법을 각각 단독으로 사용한다.

기본적으로 답변의 요점이 하나일 때는 PREP 기법을, 여러 가지일 때는 개조식법을 사용한다. 단 무조건 그런 것은 아니고 그때그때 상황에 맞게 구분해서 사용하면 된다. 예를 들어 이유나 사례를 상세히 설명하지 않아도 되는 간단한 답변이라면 요점을 '하나'로 잡은 개조식법으로 답변해도 좋다.

"지금 시점에서 문제가 되는 건 뭐죠?"

"문제는 딱 하나, 자금 부족입니다. 자금이 더 있으면 효과도 더 높일 수 있
는데, 현재로서는 부족한 상황입니다."

이렇게 개수가 하나여도 답변의 첫 부분에 숫자를 꺼내면 개
조식법 패턴에 따른 답변이라고 할 수 있다. 유일하다는 것을 강
조하고 싶을 때 효과적이다.

다음은 각각 PREP 기법과 개조식법을 사용한 질의응답의
예다. 구성 이외의 질의응답 요점도 괄호 안에 표시해 두었다.
바람직하지 않은 예도 덧붙여 놓았으니 함께 검토해 보자.

"A 안 디자인을 추천하셨는데요, 여성들은 B 안을 더 선호할 것 같습니다.
B 안을 채택하면 안 되는 이유는 무엇인가요?"

· PREP 기법을 사용한 답변의 예

"B 안을 채택하지 않은 이유에 대해 질문하셨군요. (질문의 반복)

저는 귀사의 기업 이미지와 가장 일치하는 것이 무엇인지에 중점을 두고
A 안을 선정했습니다. (P: 결론)

이유를 말씀드리자면, 제품 디자인은 그 제품 하나에 그치지 않고 기업 이

미지까지 대표하기 때문입니다. (R: 이유)

기업 이미지를 구체적으로 들여다보면, 귀사는 도회적인 이미지가 강합니다. 이런 이미지는 기존 제품에서도 드러나고 있고, 소비자의 인지도 또한 높습니다. B 안은 소박함, 귀여움으로 여성에게 매력을 강조할 수 있지만, 귀사의 이미지와는 결이 다릅니다. (E: 근거)

이런 이유로 B 안은 채택하지 않았습니다. (P: 요약)

이상으로 답변을 마칩니다. 만족스러운 답변일까요? (끝맺음)"

• 개조식법을 사용한 답변의 예

"B 안을 채택하지 않은 이유가 무엇인지 질문하셨군요. (질문의 반복)

B 안을 채택하지 않은 이유는 2가지입니다. (개수를 밝힌다)

첫째로 귀사의 도회적인 기업 이미지와 맞지 않는다는 점, 둘째는 첫째와 관련이 있는데, 기존 제품과의 균형입니다. (항목과 개략적인 내용을 제시)

도회적인 이미지는 귀사의 특색으로 널리 알려져 있는데, B 안은 소박하고 귀여운 이미지라 어울리지 않습니다. 아울러 귀사의 다른 제품들도 대부분 도회적인 이미지의 디자인으로 통일되어 있습니다. (각 항목에 대한 보충 설명)

이 2가지 점을 고려해 B 안은 채택하지 않았습니다. (요약)

이상으로 답변을 마칩니다. 만족스러운 답변이 되었을까요? (끝맺음)"

• 바람직하지 않은 예

"그게 말이죠, 역시 B 안은 귀사의 도회적인 기업 이미지와는 결이 다르니까요. B 안은 소박함, 귀여움으로 여성들이 선호하겠지만, 기존 제품과의 균형도 맞지 않는다고 생각합니다."

3가지 예를 비교해 보면, 같은 내용이라도 말하는 방식에 따라 상대에게 전달되는 방식이 크게 달라진다는 것을 알 수 있다. 평소 회의나 연수회 등에서 다른 사람의 질의응답을 볼 기회가 있다면 유심히 비교해 보자.

PREP 기법을
부분적으로 활용하는 방법

일상에서 사람들과 나누는 짧은 대화나 간단하게 답변해도 되는 질문에서는 PREP 기법의 4단계를 모두 밟을 필요는 없다. P, R, E, P를 따로따로 사용하는 예도 알아 두자. 간결한 답변 방식이므로 질문을 반복하거나 끝맺을 때 하는 강조는 생략해도 된다. 단 대규모 인원이 참석한 프레젠테이션이라면 간단한 답변이라도 형식을 갖추는 게 좋으니 그 경우에는 반복과 끝맺는 말을 추가하자.

질문 : "B 안은 왜 채택하지 않았죠?"

- "귀사의 기업 이미지를 고려한 결과입니다. (P: 결론)"

- "귀사의 기업 이미지에 어울리지 않기 때문입니다. (R: 이유)"

- "귀사의 기업 이미지를 고려한 결과입니다. 도회적인 이미지인 귀사에 소박하고 귀여운 제품은 어울리지 않으니까요. (P: 결과 + R: 이유)"

- "귀사의 이미지에 어울리지 않기 때문입니다. 실제로 기존 제품은 전부 도회적인 이미지입니다. (R: 이유 + E: 근거)"

- "기존 제품을 보면 전부 도회적인 이미지입니다. 그 제품들과 어울리게 하는 것이 더 효과적이라고 판단했기 때문입니다. (E: 근거 + P: 요약)"

이런 부분적인 사용법도 질의응답을 간결하게 만드는 데 도움이 되니 적절히 활용하자.

논리적인 사람이
된다는 것

이 책을 마무리하면서 하고 싶은 이야기가 있다. 논리적인 사람이 된다는 것의 의미에 대해서다.

나는 PREP 기법을 이용하면 누구라도 상대가 이해하기 쉽게 말할 수 있다고 했다. 나아가 이 기법은 듣는 사람을 설득하고 행동하게 만들 수 있다고도 했다. 그렇다면 말하는 사람에게는 어떤 효과가 있을까?

누구라도 설득할 수 있다면 말하는 사람은 자존감이 높아진다. 그러면 자신의 주장을 소신껏 펼칠 수 있게 된다. 반대로 하고 싶은 말이 있어도 논리적이지 못하면 그 주장을 끝까지 밀고 나가지 못한다.

나는 대학교 3학년 때 '논리logic'를 의식하게 되었다. 그 당시 나는 지역 대학 동아리로 구성된 단체의 임원을 맡고 있었는데, 참석한 회의 자리에서 사건이 생겼다. 동아리 회원 중 한 명이 의견을 내고 있던 나에게 따끔한 충고를 건넸다.

"하고 싶은 말이 있으면 논리적으로 이야기하는 게 어때?"

그는 다른 대학의 토론회를 거치며 '논리' 기술을 터득하고 있었다. 지금 생각해 보면 대학 동아리 활동을 하다 생긴 단순한 해프닝이었다. 하지만 허술한 논리 탓에 할 말을 제대로 하지 못한 사람으로 보인 나는 억울한 마음이 들었다. 그리고 그날 이후 논리적인 사람이 되겠다고 결심했다.

학창 시절에 누구나 겪을 법한 동아리 활동에서 얻은 논리의 기술은 이후 내가 영업사원으로 일할 때나 지금처럼 기업 교육 강사로 강단에 서면서 다른 사람이나 회사를 컨설팅할 때도 여전히 빛나고 있다.

지금까지의 경험에서 나는 PREP 기법을 활용하면 누구나 논리적인 사람이 될 수 있다는 것을 깨달았다. 논리적인 사람이 되면 앞서 말한 것처럼 자존감이 올라간다. 또한 다른 사람을 설득할 수 있어 원하는 결과를 얻을 수 있다. 비즈니스에서도 일상

생활에서도 운이 따라오고 여기저기서 인생의 문이 활짝 열린다. 가장 중요한 것은 논리적으로 말하게 되면서 스스로 자신의 생각이나 행동에서 근거와 이유를 찾게 된다는 사실이다.

이 책을 읽고서 당신이 논리적으로 생각하고 말하는 사람이 될 수 있다면 더없이 행복할 것이다. 당신의 앞날에 좋은 일이 가득하길 바란다.

절대 화내지 말라.
절대 협박하지 말라.
논리적으로 설득하라.

– 마리오 푸조 Mario Puzo, 작가

'당신도 논리적으로 말할 수 있습니다'
교육 프로그램 소개

생각정리클래스는 생각정리 스킬을 교육하는 기업, 기관, 대학 교육 전문 기업입니다. 생각정리를 잘할 수 있도록 돕고, 업무와 학업에 활용할 수 있는 실질적인 방법을 제공합니다. '논리적으로 말하는 방법'에 관한 교육이 필요하다면 생각정리클래스로 문의하시기 바랍니다.

❖ 〈논리적으로 말하는 방법〉 교육 커리큘럼

① 논리적 말하기의 중요성

② PREP 기법 소개 및 원리와 방법

③ 생각정리 툴을 활용한 구조화 말하기

④ 아이디어를 구체화해서 말하는 기술

⑤ 로직트리를 활용한 효과적인 설득 커뮤니케이션

⑥ 실습을 통한 논리적 말하기 훈련

⑦ 논리적 말하기에 대한 피드백 및 개선점 도출

생각정리클래스 연락처

연락처 : 010-8006-6550

이메일 : bokalmind@gmail.com

홈페이지 : thinkclass.co.kr

일잘러가 되기 위한 PREP 말하기 공식

당신도 논리적으로
말할 수 있습니다.

1판 1쇄 발행 2024년 06월 10일

지은이. 오시마 도모히데
옮긴이. 김혜영
감수. 복주환
기획편집. 김은영
외부진행. 윤현주
마케팅. 이운섭
표지 디자인. Mallybook
본문 디자인. 지완

펴낸곳. 생각지도
출판등록. 제2015-000165호
전화. 02-547-7425
팩스. 0505-333-7425
이메일. thmap@naver.com
블로그. blog.naver.com/thmap
인스타그램. @thmap_books

ISBN 979-11-87875-37-6 (03320)